GA LEKKER ZÉLF IN JE KRACHT STAAN

JAPKE-D. BOUMA BIJ UITGEVERIJ THOMAS RAP

Survivalgids voor de kantoorjungle
Uitrollen is het nieuwe doorpakken

Japke-d. Bouma

GA LEKKER ZÉLF IN JE KRACHT STAAN

De ergste clichés op kantoor

2022 Thomas Rap

De in deze bundel opgenomen columns zijn bewerkt en verschenen eerder in *NRC Handelsblad* en *nrc.next*.

De column 'Neem nooit een boterham mee naar kantoor' is een bewerking van 'Boterham' uit het boek *Nederland. Een objectief zelfportret in 51 voorwerpen.*

Eerste druk oktober 2017
Tweede druk oktober 2017
Derde druk oktober 2017
Vierde druk november 2017
Vijfde druk november 2017
Zesde druk december 2017
Zevende druk januari 2018
Achtste druk februari 2018
Negende druk mei 2018
Tiende druk november 2018
Elfde druk december 2018
Twaalfde druk juni 2019
Dertiende druk december 2019
Veertiende druk april 2021
Vijftiende druk februari 2022
Omslagontwerp Moker Ontwerp
Foto auteur Keke Keukelaar
Vormgeving binnenwerk Aard Bakker
Druk Bariet Ten Brink, Meppel
ISBN 978 94 004 0694 0
NUR 301

thomasrap.nl

FSC www.fsc.org MIX Papier van verantwoorde herkomst FSC® C004472

Bij de productie van dit boek is gebruikgemaakt van papier dat het keurmerk van de Forest Stewardship Council (FSC®) mag dragen. Bij dit papier is het zeker dat de productie niet tot bosvernietiging heeft geleid.

VOOR

Frank Smudde, Alex van der Hulst en Thomas de Veen. Mijn gidsen, mijn bakens, mijn lichtjes in de kantoorjungle.

INHOUD

VOORWOORD

Ga lekker zélf in je kracht staan

'In je kracht staan' – wat ís dat? Hoe kom je erin, kost het niet heel veel energie om erin te blíjven of mag je er op een gegeven moment ook weer uit en zo ja, hoe moet dát dan weer?

Ik weet het nog steeds niet.

Ik snap sowieso heel veel niet, op kantoor. Mensen praten er echt heel raar. Zo krijg ik geen kritiek meer, maar voeren ze me 'feedback' en dat moet ik dan doorslikken – denk ik. Ze maken ook geen afspraken meer, maar 'schieten die in' en dan hoop ik altijd maar dat iedereen zijn gehoorbeschermers op heeft.

Dat 'gekoppel' ook de hele tijd, en dan vooral 'terug', zonder dat er een trekhaak in de buurt is. En die leuke jongen van sales die geen praatje meer met me wil maken, maar alleen nog maar met me wil 'scrummen'.

Of mijn baas die de hele tijd zegt dat er 'gestuurd moet worden op kwaliteit', maar als ik dan een eindje met hem wil gaan rijden, is dat niet de bedoeling. En dan mijn columns. Die heten geen columns meer, maar 'unieke, relevante content die de lezer in vervoering brengt'. En ik mag ze niet meer schrijven, nee, ik moet ze 'creëren'.

Snappen jullie het nog?

Wat ik bedoel: het is natuurlijk een ellende, bij jou en bij mij op kantoor. Al die dingen die prima werkten, maar nu ineens heel anders heten of erger nog, HELEMAAL ANDERS MOETEN, en waarmee een interim-coach, een scrum master of een frisdenker je van je werk komt houden. Want we zijn niet alleen raar gaan praten op kantoor, we zijn ook raar gaan doen. 'Agile werken' bijvoorbeeld, en staand vergaderen, zelfsturende teams en flexen in de vlek. Want ja, innovatie, hè. En disruptie natuurlijk. Niemand die precies weet wat het is en waarom het moet, maar het is wel heel belangrijk om erachteraan te hollen, o, pardon: te sprinten, en dan het liefst in 'korte sprints'.

Daarover gaat dit boek.

Want ga me nou niet vertellen dat je gelooft dat één van die hypes écht werkt. En zelfs als het érgens op de wereld werkt, wil dat dan zeggen dat het een universeel wondermiddel is? Dat als het werkt in Detroit, het ook werkt in Purmerend? Dat als het werkt in Purmerend, het ook werkt in Waddinxveen? Dat iedereen op kantoor, ook op jouw kantoor, eraan moet geloven?

Ik zou zeggen: we stoppen gewoon lekker met al die kantoorclichés en veranderen alleen iets als het moet. En tegen die collega's die willen dat we in onze kracht gaan staan, zeggen we dat ze lekker zélf in hun kracht moeten gaan staan. Dan weten we meteen wat het is en hoe het moet.

En kunnen we daarna weer lekker door met ons werk.

WAAROM ZELFSTURENDE TEAMS NIET WERKEN

De eerste keer dat ik zelf mocht sturen, reed ik meteen een spiegel van de lesauto. Of wacht, dat was de tweede keer. De eerste keer was ik zeventien en mocht ik van mijn vader illegaal een stukje zelfsturen op een verlaten bospad. Ik miste hem op een haar na toen hij achter de auto ging staan en zei: 'Kom maar.'

Zelfsturen is niet zonder risico, wil ik maar zeggen, zeker als je niet kunt sturen, en toch hoor ik de laatste tijd overal over 'zelfsturende teams' op kantoor. Wat me opvalt: hoe vager er gepraat wordt in een bedrijf, hoe meer er wordt gezelfstuurd. Bijvoorbeeld in organisaties die 'een holistische benadering volgen', waar veel '*customer journey*-experts' zitten die 'multidisciplinair werken met korte lijntjes en een omni-channel aanpak', zo leerde ik na een googelrondje. Als ik daar manager was, zou ik ook liever willen dat iedereen lekker zelf ging sturen, maar dat terzijde.

Het grote voordeel van zelfsturende teams is dat het alle kanten op kan. Dat maakt het een groot avontuur om erin te zitten. Maar verder snap ik het eigenlijk niet zo goed. Want iedereen vindt zelfsturende auto's doodeng ('zo wordt het een chaos op de weg!'), maar zelfsturende teams, dáár stapt iedereen zonder veiligheidsgordels in.

Ik ben tegen zelfsturende teams. Ik wil gewoon een baas over wie ik kan klagen. Ik zou doodongelukkig worden als alles de hele tijd mijn eigen schuld was. Ik word ook altijd heel overmoedig van vrijheid. Als ik zelf mag weten waar ik heen stuur, komen we meestal met z'n allen in de kroeg uit.

Bovendien, iedereen die wel eens op school in een groepje heeft gezeten, weet hoe vreselijk het is, een zelfsturend team. Het eindeloze geleuter tot jij weer moet zeggen hoe er begonnen moet worden, de grootste eikels die niks kunnen maar wel altijd de leiding nemen en de drie leden van het groepje die geen reet uitvoeren maar op het einde wel gewoon een acht krijgen.

Ik bedoel: wie gooit de lanterfanters uit een zelfsturend team? In een stiltecoupé wordt het ook altijd vette ruzie als de passagiers elkaar zonder conducteur gaan uitleggen wat stilte is. Of neem al die zelfsturende voetbalteams met kleine F'jes. Dat gaat allemaal PRIMA – tot er gewisseld moet worden.

Maar de grootste tragiek van zelfsturende teams is dat ze natuurlijk helemaal niet zelf mogen sturen, maar dat er in de praktijk voortdurend een zenuwachtige manager omheen hangt die het niet uit handen durft te geven. Een beetje zoals van die bijrijders die met je 'meerijden' ('pas op, had je die voetganger niet gezien, kijk uit, een vrachtwagen!'). De andere optie bij een zelfsturend team is een manager die de zelfsturing veel te serieus neemt en het geen zak interesseert. Zoals de goeroe van de zelfsturing, Ricardo Semler, die zijn bedrijf achterliet en nu de wereld over trekt om uit te leggen hoe goed zijn bedrijf zonder hem kan.

Maar het grootste bezwaar van een zelfsturend team is dat sturen alléén natuurlijk nooit voldoende is. Je hebt ook vaart nodig, iemand die schakelt, iemand die de bougies kan vervangen, iemand die gaat tanken, voor de koffie zorgt en de TomTom heeft opgeladen. Maar bovenal moet er iemand zijn die remt.

Een zelfsturend team dat alleen maar loopt te sturen, komt nergens uit.

HOE MOET HET DAN WEL?

Zelfsturing werkt? Niet altijd hè, dat weten jullie zelf ook wel. Geef mensen leiding waar het moet en laat ze het zelf bepalen waar het kan. Gaat allemaal vanzelf als je een goede baas hebt. Laat slechte managers alleen nog maar koffie halen.

‘DURF TE DROMEN’ IS HET SLECHTSTE CARRIÈREADVIES OOIT

Vroeger in de klas stond er zo’n beetje de doodstraf op als je zat te dromen. Maar tegenwoordig hoor ik het geregeld loopbaanadviseurs zeggen. Beroemdheden roepen het ook vaak in tijdschriften, of topsporters in ‘carrièreclinics’ – ‘volg je dromen’, ‘voel je dromen’, maar vooral: ‘Dúrf te dromen!’

Voor al deze mensen is dromen blijkbaar één van de hachelijkste dingen die ze ooit hebben moeten doorstaan – je moet het maar durven. Maar toen ze eenmaal hun angst om te dromen opzij hadden gezet, bleek dromen de poort naar hun succes.

Ik wist het allemaal niet, maar je blijkt dus van alles te kunnen met je dromen op kantoor. Moet je maar eens kijken op die sites voor ‘vitaliteitscoaching’. Die hebben vaak een zonsondergang als achtergrond en zwepen je op dat je 'wonderen kunt laten gebeuren door af en toe te dromen', dat je met 'dromen een visie kunt creëren', en dat het heel 'nuttig is om een droomfactor toe te voegen aan je ambities'. Alles voor je 'droombaan'.

Je kunt zelfs met het hele bedrijf een 'droomsessie' volgen. Dat is 'ideaal bij de kick-off van projecten', zo staat er, omdat dromen zorgen voor 'verbinding, humor, focus, energie en motivatie'. Schitterend. En dan maar snurken in zo'n zaaltje.

Jongens, hou eens op met die onzin. Iedereen durft te dromen, iedereen doet het en iedereen kan het. Ik ken niemand die NIET durft te dromen. Ja, mensen met grote psychiatrische problemen, die durven niet te dromen. Maar voor de rest van de natie is 'durf te dromen' zo'n beetje het equivalent van 'durf te ademen', 'durf te kijken' of 'durf een broodje te eten' – het is het slechtste carrièreadvies ooit.

Want durf te dromen, dat zijn de kaboutertjes. Als kind dacht je dat ze 's nachts je kamer zouden opruimen en je huiswerk zouden maken. Zo is het ook met 'durf te dromen'. Het is bedrog.

Sterker nog, ik ben blij dat ik niet hóéf te dromen op kantoor. Want dan zou ik geregeld in mijn blootje een presentatie staan te geven op de afdeling sales of hevig tongend met mijn baas naast de kroketten staan. Want zulke dingen gebeuren er in dromen. Ik heb nog nooit iemand gehoord die had gedroomd dat hij de roosters had rondgemaakt, een nieuw logo had verzonnen en die belangrijke offerte had binnengehaald.

Áls je al aan het dromen raakt op kantoor. Want dan moet je eerst inslapen en in die diepe REM-fase komen. Ik vind dat nog best lastig als er iemand naast je kattenfilmpjes aan het kijken is.

En toch snap ik die droomcoaches wel. Het is natuurlijk makkelijker om 'durf te dromen' tegen iemand te zeggen dan dat ze nou eens aan het werk moeten, hun administratie op orde moeten maken, hun moeder eens moeten bellen, moeten gaan sporten of hun huis moeten opruimen. Maar durfde Neil Armstrong te dromen voordat hij naar de maan ging? Ik dacht het niet. Die at een ei voor zijn ontbijt, *sunny side up*, en hij ging gewoon.

Zo is het natuurlijk ook op kantoor. Daar zeg je 'durf te dromen' tegen de mensen voor wie het *never* nooit gaat gebeuren. De dyslectische stagiair informeert naar vacatures en je roept: 'Durf te dromen.' Je vraagt je baas om opslag en ze zegt: 'Durf te dromen.' Je vraagt die leuke jongen mee naar de vrijmibo en hij zegt: 'Durf te dromen.'

Mensen die 'durf te dromen' zeggen, zeggen eigenlijk 'welterusten'.

HOE MOET HET DAN WEL?

Dromen levert weinig op, zeker op kantoor, met je mond halfopen en zo'n straaltje dat eruit drupt. Hou liever in het oog wat je wilt bereiken en doe er je best voor in plaats van je af te laten leiden door fata morgana's.

SCRUMMEN OP KANTOOR IS HE-LE-MAAL TE GEK

Toen ik voor het eerst over scrummen hoorde, was ik meteen enorm opgewonden. Scrummen! Rugby! Een kluitje zweterige mannen dat worstelt om een bal – dat zie je doorgaans alleen op kantoor als er nog maar één stukje taart over is.

Maar nee, scrummen op kantoor is natuurlijk heel wat anders. Het heeft met rugby gemeen dat het 'een teamsport is', dat je 'samen een doel moet bereiken' en 'moet inspelen op veranderende omstandigheden', zo leerde ik op een 'webinar scrum', maar daar houdt de vergelijking HELAAS op. Scrummen op kantoor is een manier om projecten op tijd af te ronden.

Scrummen is een hele toestand met regels, rollen en pokerkaarten, maar het komt er in het kort op neer dat de klant vertelt wat hij wil, dat er elke dag een vergadering is waarin je afspreekt wie wat doet om dat te bereiken, dat je elke dag kijkt wat is afgerond en dat doet tot het klaar is. Dat lijkt allemaal niet zo revolutionair, maar het grote voordeel van scrummen is dat er voor al die dingen die we al miljarden jaren hetzelfde deden op kantoor nu allemaal chille Engelse woorden zijn verzonnen.

Zo heet een manager een 'scrum master', heet het begin een 'kick-off', werk je niet, maar hou je 'korte sprints', heet de baas een 'product owner', heeft de klant een 'user story', en wordt de vergadering 'stand-up' genoemd omdat je erbij moet staan want anders wordt het een gewone vergadering en dat is niet hip.

Maar het belangrijkst van scrummen is dat je organisatie 'lean' werkt, dus zonder ballast, en dat iedereen iets doet, soms zelfs dingen waar ze niet voor waren aangenomen – en dát heet dan 'agile', wendbaar. En dan zijn er nog de post-its! Man, heerlijk. Want alles wat er moet gebeuren ('to do'), schrijf je op een kattenbelletje (post-it!) en dat plak je op een muur ('scrummuur'). De volgende dag kijk je dan welke briefjes weg mogen ('done') en welke moeten worden verplakt naar morgen ('doing').

Jongens, ik zeg het maar gewoon: ik vind scrummen HE-LE-MAAL te gek. Sterker nog, ik doe het nu ook thuis. Elke ochtend komt er een stand-upcomedian, mijn kind gaat volledig bestickerd naar school en de katten vullen zelf hun post-its in (zelfsturende teams).

Maar de echte winst zit hem natuurlijk op mijn werk. Daar sprinten alle collega's agile naar de deadline en komt er elke dag een krant af. Ze hebben niet eens door dat ik er soms ook wat post-its van mezelf tussen plak ('200 g parmezaan', 'remlicht repareren', 'prei') en dan is alles een uurtje later geregeld. Verder plak ik er wat aandachtspunten voor mijn collega's tussen ('liever geen witte legging, Bianca', 'een pepermuntje kan af en toe geen kwaad, Willem'). En alles komt vanzelf goed.

Er was wel een collega die zei: 'Hé, dat scrummen, dat is hoe we altijd al werkten, maar dan maf geformuleerd,' maar die heb ik een hartje op haar hoofd geplakt en op vakantie gestuurd. Want natuurlijk is scrum gewoon 'werkoverleg' en blijft de collega die liever niks doet niks doen, brengt de lapzwans nog steeds overdag zijn auto naar de garage, blijft de stagiair verdwalen in het gebouw en heeft de lul van sales ook na het scrummen meer verstand van zijn lease-Audi dan van zijn targets.

Maar zolang er wijn in zakken zit en de keizer kleren draagt, hoor je mij niet klagen.

HOE MOET HET DAN WEL?

Hou elke ochtend een korte vergadering waarin je afspreekt wie wat doet, zorg ervoor dat de juiste dingen op tijd afkomen en zie erop toe dat de klant waar krijgt voor zijn geld. O, dat deden jullie al? Nou, mooi. Hoef je ook niet te gaan scrummen. O, noemen jullie dat scrummen? Wij noemen dat gewoon efficiënt werken zonder post-its te hoeven plakken en dure scrumtrainingen te hoeven volgen.

HEB JIJ HET JUISTE DNA VOOR OP KANTOOR?

De neanderthalers hadden DNA, apen hebben DNA – en planten, slakken en wij natuurlijk – maar tegenwoordig hebben ook bedrijven DNA.

Zo las ik ergens dat een bedrijf 'hands-on meewerken in het DNA' had zitten, kwam ik een CEO tegen die zei dat 'afspraak is afspraak in ons DNA zit', hoorde ik over een organisatie waarvan het DNA 'passie en professie' was, en zijn er allerlei bedrijven die 'werken vanuit hun pure DNA' en zich daar 'heel prettig bij voelen'.

Allereerst: petje af, bedrijven, dat jullie je DNA in kaart hebben gekregen. Het lukte wetenschappers pas in 2001 na decennia van studie met dure apparaten om het menselijke DNA te rubriceren en nu lukt het jullie al. Superfijn ook dat we nu niet meer hoeven te gissen of een bedrijf het juiste DNA heeft. Allemaal even een wattenstaaf door de wangzak en we weten het.

Wat ik echter verdacht vind, is dat al die bedrijven alleen maar de positieve eigenschappen noemen die ze in hun DNA hebben zitten. Ik zou zeggen: als je het hele genoom op een rijtje hebt, nóém dan ook het hele rijtje. Dus niet alleen 'de focus op professionaliteit' en 'de kracht van verbinding', maar ook de trage bezorging, de slechte helpdesk, en dat er al vier jaar geen creatief idee meer bedacht is. En als we dan toch bezig zijn, doe dan ook meteen even de cholesterol, de bloeddruk en de longinhoud. Het complete plaatje, zeg maar.

Maar belangrijker: is het voldoende dat iets in je DNA zit? Nee, hè? Je zult er ook iets mee moeten DOEN. Zo heb ik zelf bijvoorbeeld een winnaarsmentaliteit, hoogbegaafdheid en een sportief lichaam in mijn DNA zitten, maar ja.

Wat ik verder tegen heb op DNA in bedrijven is dat het dan wel erg vastligt. Want als iets eenmaal in je DNA zit, zie het er dan nog maar eens uit te krijgen. Stel bijvoorbeeld dat 'hands-on' ineens uit de mode is en 'hands-off' gevraagd wordt in de snel veranderende markt. Dan moet je aan de gentherapie om het te veranderen. En trouwens, ons DNA verschilt maar veertig procent van dat van fruitvliegjes, hè? Ik weet niet precies of dat hier relevant is, maar ik dacht: ik zeg het gewoon even.

Maar het belangrijkste bezwaar dat ik tegen DNA op kantoor heb: is het wel de bedoeling dat het hele bedrijf hetzélfde DNA heeft? Dat is toch eigenlijk doodeng? Uit de evolutieleer had ik ook altijd begrepen dat het combineren van zo veel mogelijk verschillende genen de beste overlevingskansen garandeert.

Bovendien, je moet er toch niet aan denken dat je DNA gemixt wordt met dat van de lul van sales. Of dat de lepel in de kantine niet goed is afgewassen en dat je bij het wegslurpen van een goulashsoepje het DNA van de scrum master naar binnen hebt staan werken. Dan sta je elke morgen te stand-uppen terwijl je eigenlijk aan je werk moest. Is het ook niet een beetje triest dat je geboren wordt met het DNA van een bedrijf in je genen? Dan ligt dus al vanaf je conceptie vast waar je wilt gaan werken.

Ik zou dan ook zeggen: we stoppen met al dat DNA op kantoor en we ontstijgen het. Want als het aan ons DNA lag, zaten we nog steeds in berenvellen in grotten. Ik bedoel: de toekomst van een bedrijf ligt niet in het DNA. Nee. De toekomst ligt in de aanpassing, de opvoeding, het geloof, de handhaving en de hoop.

En in de liefde natuurlijk.

HOE MOET HET DAN WEL?

Zitten ondernemerschap, daadkracht en ambitie in je DNA? Mooi zo. Nu nog proberen er iets mee te doen.

MOETEN DE NEUZEN NOU WEL OF NIET DEZELFDE KANT OP?

Van alle kantoorclichés die mij op kantoor om de oren vliegen, is 'de neuzen dezelfde kant op' toch wel de populairste. Hij wordt zo vaak gebruikt – googel voor de lol maar eens in combinatie met 'organisatie' – dat je je afvraagt of een dergelijke medische ingreep niet in het basispakket van een zorgverzekeraar zou moeten zitten.

En dan heb ik het flankerende clichégebruik er nog niet eens bij geteld. Dus 'alle kikkers in de kruiwagen', 'iedereen in het mandje voor de ballon opstijgt', 'samen de schouders eronder', en natuurlijk 'de gedeelde missies, visies, ambities en passies'. Man man man.

Er is ook veel vakliteratuur over de neuzen op kantoor, en dus over de vraag of het personeel zich nou wel of niet als een schare in het gelid zou moeten opstellen als ware het Noord-Korea. Korte samenvatting: ze zijn er nog niet uit. Sterker nog, nergens is zoveel onenigheid over als juist over de neuzen op kantoor.

Grofweg valt de neuzenbeweging in vier grote stromingen uiteen. De eerste wil dat alle neuzen ALTIJD dezelfde kant op staan, de tweede vindt dat de neuzen af en toe even dezelfde kant op zouden moeten worden 'gezet', de derde vraagt zich wanhopig af hoe je al die neuzen dezelfde kant op krijgt en de vierde vindt dat de neuzen juist weer NIET dezelfde kant op moeten – anders kun je niet zien wat er achter je en naast je gebeurt.

Jongens, wat is het nou? Het gaat hier wel om mijn neus hè, het topstuk van mijn gezicht, zeg maar, en als ik zo om me heen kijk toch ook een belangrijk, eh, markeringspunt van heel veel andere collega's. Het lijkt me toch wel het minste dat we inmiddels weten welke kant die op moet, op kantoor.

Even los van wie gelijk heeft, wat ik mooi vind aan alle neuzen dezelfde kant op, is de ambitie die eruit spreekt. Alle neuzen! Dus ook de wijsneuzen, de snotneuzen, de cokeneuzen, de zeurneuzen, de Pinocchio's, de Cyrano's en de Grenouilles. Als je dat rijtje zo leest, dan weet je al: dat gaat niet lukken op kantoor. Iedereen die wel eens een groepsfoto heeft gemaakt weet hoe moeilijk het is om alle neuzen dezelfde kant op te krijgen. En als je dan eindelijk iedereen klaar hebt staan, loopt de knappe stagiair langs en kun je opnieuw beginnen.

Toch denk ik persoonlijk wel dat het werk er beter

van wordt als we af en toe met de neuzen dezelfde kant op zouden staan, al was het maar heel even in een jaarlijkse polonaise of plechtigheid, zeg op de verjaardag van de baas of zo. Allemaal even met de neuzen naar dezelfde stip op de horizon, desnoods met een fopneus om het moment te markeren: ik denk dat we daar enorm mee opschieten. Maar ja, hoe krijg je dat voor elkaar?

Nou, met 'een kapstok', zo las ik ergens, 'waar de bedrijfsvoering en interne communicatie aan kunnen worden opgehangen zodat medewerkers scherp voor ogen hebben – en houden – hoe zij kunnen bijdragen aan het realiseren van de doelstellingen van de organisatie'. Verder is 'draagvlak' natuurlijk heel belangrijk, 'afstemmen', 'een open, betekenisvolle dialoog, het benoemen van verschillen en successen en het opknippen van je boodschap in kleine stukjes en stapjes'.

Toen dacht ik: als mensen zoveel moeite doen, draai je gok dan gewoon eens hún kant op. Dan zien we daarna wel weer waar het goed voor is.

HOE MOET HET DAN WEL?

Zet je neus lekker de kant op die jij wilt, steek hem in andermans zaken, snuit hem, trek hem op of steek hem desnoods in de lucht, het maakt niet uit. Als je werk maar goed en op tijd af komt.

WAAROM STAAND VERGADEREN NIET WERKT

Vroeger kon je nog lekker een tukje doen tijdens de vergadering, maar inmiddels is 'staand vergaderen' bedacht. Het idee erachter, zo lees ik in de vakliteratuur, is dat het 'de toehoorders actiever maakt en de tijd verkort die je nodig hebt. Nooit meer tijd verspillen aan zinloos vergaderen!'

Misschien heb ik iets gemist, hoor, maar wat is er mis met zinloos vergaderen? Het is de ideale plek voor een powernap op kantoor en je kunt er ook fijn je werk afmaken, je appjes beantwoorden, dagdromen over de nieuwe jongen van sales en je Twitter en Facebook bijwerken. Ja, maar 'de dynamiek van het groepsproces is hoger als je staat te vergaderen', las ik ergens. Jongens, ik snak juist naar wat minder dynamische groepsprocessen, daar zit ik al de hele dag in. De zinloze zittende vergadering was nog het enige ontspannen momentje op de dag.

Ik ken trouwens ook heel wat collega's die supernerveus worden van staand vergaderen. Want als elke vergadering maar tien minuten duurt en de ene na de andere knoop wordt doorgehakt, wat moeten ze dan de rest van de dag nog doen? Het lijkt me ook niet de bedoeling dat al het werk al voor de lunch af is. Superongezellig.

En is dat staand vergaderen nou écht zo efficiënt? Wat ík vooral zie, is een paar tragische rijtjes collega's die zich voor en achter elkaar staan te verdringen, goochelend met notitieblokken op opgetrokken knieën. Om nog maar te zwijgen over de collega's achteraan die allang zijn afgehaakt en staan te dromen over het winnen van de Staatsloterij.

En dan die spuuglelijke stavergadertafels die kantoormeubelspecialisten al op de markt hebben gebracht. 'Die heeft u al voor 1.175 euro.' Ja, en? Er zijn ook visstoeltjes, witte leggings en vouwfietsen. Is dat een excuus om ze als een kip zonder kop aan te schaffen?

Lieve mensen, doe ff normaal. Het staand vergaderen is een mannenuitvinding. De wraak van een manager die thuis zittend moest plassen. Maar het is een heilloze weg. Want als vergaderen zittend niet werkt, dan werkt het STAAND ook niet. Dat is hetzelfde als iemand die niet kan zingen laten staan en dan hopen dat het wel klinkt, staand een slecht boek lezen en dan kijken of het beter wordt, of je man rechtop zetten en dan maar bidden dat je huwelijk wel een succes wordt. Mensen die niet functioneren staand laten werken, dát is dan wel weer een prima idee en dat zie ik ook steeds vaker, maar staand vergaderen is onzin. Zorg liever dat de vergadering beter wordt dan dat je erbij gaat staan.

Wat ik wel een goed idee vind, is wandelend vergaderen. Er staan al behoorlijk wat routes op internet 'voor een vruchtbare uitwisseling'. Dat lijkt me ook gewoon leuk om te doen met z'n allen. En dan dagen achter elkaar met overnachten in berghutten en door de modder en zo. Dat is ook de ideale manier om bepaalde collega's 'kwijt' te raken, 's nachts, midden in het bos. Maar verder zou ik alleen de staande vergadering met bier en bitterballen erin houden.

Want we vergaderen al zoveel staand. 's Ochtends bij het ontbijt, staand in de trein, ijsberend voor de lift, bij de koffieautomaat. 'Verkort de vergadering, verleng je leven,' zeggen de voorstanders van staand vergaderen. Wat een onzin.

Als ik zinloos zittend mag vergaderen, kan het leven mij niet lang genoeg zijn.

HOE MOET HET DAN WEL?

Stop eens een tijdje met vergaderen en kijk wat er gebeurt.

JE ZULT MAAR MANAGER VAN EEN HOLISTISCH BEDRIJF ZIJN

Vroeger had je een baan, kreeg je salaris en probeerde je aardig tegen je collega's te blijven; tegenwoordig is dat niet meer voldoende 'in de razendsnel veranderende markten waarin we opereren' en zijn er 'holistische bedrijven' bedacht die 'holistisch ondernemen'.

Het voordeel van holistisch ondernemen is dat eigenlijk niemand precies weet wat het is en dus schieten de holistische coaches, cursussen, seminars en zelfs masseurs als paddenstoelen uit de grond om het ons te leren. Korte samenvatting: iedereen zegt wat anders.

De één meent dat holistisch 'een bedrijf is zonder managers', de ander dat het 'praktisch en vanuit je hart ondernemen' betreft, een derde dat het iets is met 'het kanaliseren van energiestromen binnen een organisatie' – misschien iets met ventilatie en isolatie – en de vierde dat een onderneming 'waardevolle groei' kan bereiken 'door te pionieren in een holistische aanvliegroute met zes overzichtelijke fases'. Zo slingerde ik van het ene holistische universum naar het andere, raakte ik er helemaal in verstrikt, begon het in me te groeien en was het een seconde later overal om me heen.

En toen dacht ik: dát is het misschien. Dat alles met elkaar samenhangt, dat het geheel groter is dan de som der delen én dat het overal is. Bij de mens betekent het dat lichaam, geest, liefde en financiën aan elkaar zitten vastgeknoopt en dat als je pijn in je teen hebt, de dokter ook vraagt hoe je dag was. Bij bedrijven is het precies zo: álles kan voor succes én neergang zorgen en je moet verder kijken dan de werknemer – ook naar de mens erachter.

Je zult dus maar manager in een holistisch bedrijf zijn, godsamme hé. Als er een vlinder met zijn vleugels klappert bij het kopieerapparaat, dondert de hele klantenservice in elkaar, als de verkoop daalt, kan dat net zo goed aan sales liggen als aan de bril van de stagiair en als de kat van de baas niest, zakt de advertentiemarkt in. Je moet dus OVERAL op letten in een holistisch bedrijf en je OVERAL mee bemoeien.

Toch is holisme het ook weer helemaal. Want als alles met elkaar samenhangt op kantoor, mag je dus ook alles wat je nodig hebt om goed te kunnen presteren in een aanhangwagen meenemen: je katten, je juicer, je bank, je kattenbak, je badjas, je opa. Puur geluk.

Sterker nog, al die ideeën dat je op kantoor werkt en geacht wordt dingen af te hebben zodat de ander ermee door kan: laat het los. Want je bent zelf de Ander en de Ander is Jou. De CEO kan niet zonder plantenbak, de schoonmaker niet zonder scrum master en niemand kan zonder sales, maar dat wisten we al. Sterker nog, we zijn allemaal sales en nóg sterker: we zijn zelf de klant, het universum, de zeeën, de longen van de wereld en het heelal.

Sinds ik dat weet, hoef ik niks anders meer te weten. Ik ben de kosmos én het kleinste atoom. Ik ben niet ooit aangenomen door iemand, maar al vanaf de oerknal met al mijn cellen onderweg naar die ene plek die voor mij was: mijn flexplek, mijn bestemming, mijn laptop. Ja. Het is groots, dat holisme. Het is overweldigend – weet ik toch. Maar sinds ik er onderdeel van ben, voel ik me zo verbonden met alles dat ik eindelijk in mijn kracht sta.

Alleen het werk is er een beetje bij ingeschoten.

HOE MOET HET DAN WEL?

Wat een gedoe, joh, dat holisme. Hou liever rekening met je collega's, wees vergevingsgezind, beleefd waar het moet, lief waar het kan, probeer je in anderen te verplaatsen en als dat allemaal niet lukt, tel dan een paar keer tot tien en ga daarna een halfuur kattenfilmpjes kijken.

WAAROM 'AGILE' WERKEN HELEMAAL NIET SLIM IS OP KANTOOR

Wat ik steeds vaker hoor op kantoor, is dat ik 'agile' moet gaan werken. De eerste keer dacht ik nog dat het wel weer zou overwaaien, net als al die andere managementhypes. Maar toen mijn baas me had ingeschreven voor een seminar 'agile werken' en zelfs mijn katten erover begonnen te miauwen, ben ik het toch maar even gaan googelen.

Agile betekent 'slagvaardig en wendbaar', zo vond ik op honderden websites. Het houdt in dat je 'snel op veranderingen kunt reageren', 'kortcyclisch werkt', 'veel bijstuurt naar aanleiding van klantfeedback' en dat je 'weinig documenteert maar vooral veel DOET'. Verder is het dat je 'ergens aan kunt beginnen zonder dat het eindresultaat helemaal vaststaat' en dat je 'zelfsturend bent'. O ja, en dat je 'kansen moet kunnen én willen pakken' natuurlijk.

Toen ik dat las, dacht ik: hé, dan ben ik dus allang agile! Want ik weet zelden vooraf waar ik aan begin, ik werk vet kortcyclisch en ik maak inderdaad zelf wel uit wat ik doe, qua zelfsturing. Maar dat was dus weer eens te makkelijk gedacht, mevrouw Bouma. Want als het zo eenvoudig zou zijn, zouden er natuurlijk nooit zoveel 'verschilmakers', 'agile academy's' en 'change agents' op de markt zijn om ons te leren hoe je agile kunt worden.

Wat zij doen, is geen kattenpis, hoor. Organisaties in beweging krijgen 'door een continue strategische dialoog in combinatie met agile talentmanagement' bijvoorbeeld. En dat 'met als doel om iedereen in de organisatie te "alignen" met de strategie, en de organisatie klaar voor de toekomst te maken'. Ga er maar aan staan.

En dan moet je ook nog eens voortdurend in beweging blijven als je agile bent – en niet zo'n klein beetje ook. Als je googelt op afbeeldingen van 'agile', krijg je rennende luipaarden, brekende golven, draaiende cirkels en zelfs straaljagers met witte condenssporen. En je moet ook superlenig zijn! Want ik zag ook veel plaatjes van mensen in een vogelnestje naast hun laptop. Ik weet het, plaatjes zijn slechts beeldvorming en het gaat natuurlijk om de inhoud, maar ik dacht al wel: dit gaat mij allemaal nooit lukken met mijn oude, stramme lichaam.

Toch heb ik op de inhoud ook nog wel wat bedenkingen bij agile. Want als je steeds wendbaar moet zijn, word je dan niet zo'n pop waar de wind van onderaf in blaast? Want hoezo zou je 'alle veranderingen moeten omarmen', zoals de agile-coaches willen? Ik zou eerst eens kijken of die verandering eigenlijk wel nodig is.

Wat is er gebeurd met de *good old* standvastigheid in al die agile businessmodellen? Want we zijn toch juist standvastig, als Nederlanders? We bouwen een dijk in plaats van op een boot te gaan wonen, we leggen zeeën droog in plaats van een zwembroek te kopen. Als we vroeger agile waren geweest, hadden we nu kieuwen moeten hebben. Om nog maar te zwijgen over hoever de VOC was gekomen als ze als agile team met alle winden was meegewaaid.

Ik denk dus dat het zeker handig is om wendbaar en slagvaardig te zijn op kantoor. Maar dan niet om je projecten agile te alignen, maar om je baas met zijn nieuwe managementideetjes te kunnen ontwijken. Want in een razendsnel kolkende markt zit ik liever op een mammoettanker dan in een zelfsturend sloepje.

HOE MOET HET DAN WEL?

Hou eens op met klakkeloos veranderingen te omarmen. Jaknikkers zijn er al genoeg in je bedrijf. Verander alleen als het écht noodzakelijk is. De rest is managementblabla voor op een innovatieplatform. Dat je na drie jaar kunt laten afzinken.

FLIKKER OP MET JE PUNT OP DE HORIZON

Toen ik nog jong was en onbedorven door jeukwoorden, zag ik in Zuid-Afrika mijn eerste horizon. Ik was toen 28. Nou ja, daarvoor had ik natuurlijk ook wel eens een horizon gezien, zo'n Hollandse grijsblauwe, met schuim op de koppen, maar deze Zuid-Afrikaanse, dát was een echte. Dat zag ik meteen.

Met een okergeel aanloopje van zand, schakerend naar mokka, en daarachter wel zes, zeven, acht laagjes kleur van licht- naar donkergroen, en dán nog de lucht erboven. Van roze, violet naar paars, helemaal naar het einde. Sindsdien zijn horizonten me heilig.

Ik word dan ook altijd heel pissig als ik kantoortijgers hoor praten over de horizon, laat staan dat ze er stippen of punten op gaan zetten. Zo heb je de 'heldere stippen op de horizon die voor iedereen zichtbaar gemaakt moeten worden', zijn er 'de stevige stippen op de horizon waarvan je voortdurend moet blijven controleren of ze nog goed staan', en heb je de managers die zich afvragen 'hoe we met een divers pluimage van stip naar punt op de horizon komen', want een stip en een punt op de horizon – wist ik niet –, dat blijken dus weer twee verschillende dingen te zijn.

En dan zijn er nog de goeroes die met shovels op kantoor komen en de horizon willen 'verbreden', is er een stroming die hele 'puntenwolken' op de horizon wil kalken omdat je anders 'niet meer onderscheidend bent tussen al die andere punten' en las ik dat er een bureau is dat het punt op de horizon niet meer als punt wil voorstellen, maar als 'plek', want 'een punt is statisch, en een plek bevrijdend'.

Jongens, flikker op. Ga lekker op een whiteboard punten zitten tekenen, maar blijf met je tengels van de horizon af. Die is in Nederland al genoeg vervuild met Vinexen, Burger Kings en bedrijfsterreinen.

Wat is het púnt ook, van zo'n punt op de horizon: medailles, gladiolen, geluk? Het is het grootste brevet van onvermogen dat een manager op kantoor kan afgeven. Want dan blijkt dat je het gewoon niet weet, waar je heen wilt, en áls je er bent, kan het net zo goed het punt van een ander zijn, een burning platform of een pizza met extra artisjokken. Om over alle nieuwe stippen nog maar te zwijgen die alweer opdoemen als je op de horizon bent. En dan kun je er ook allang voorbij gevaren zijn. Ik heb zelf in elk geval een kerkhof van punten op de horizon achter me liggen.

Ja, vroeger, toen de wereld nog plat was. Toen was het stoer, zo'n punt op de horizon. Dat was een Bermudadriehoek waar je je lastige werknemers heen kon sturen en dan maar hopen dat ze van de pannenkoek af zouden vallen.

Maar tegenwoordig met Google Maps is het vooral sneu. Lekker laf ook om het weer eens búíten het bedrijf te zoeken, in de verte, in plaats van nou eindelijk eens bínnen spijkers met koppen te slaan. Noem het dan een pot met goud aan het einde van de regenboog, als je zo graag in sprookjes wilt geloven.

Mij lijkt het dan ook een goed idee om al die mensen die over horizonnen beginnen meteen in de auto te zetten en hop, karren maar naar het verdwijnpunt. Dan blijf ik wel achter om te kijken wanneer ze er zijn.

Kan ik eindelijk eens lekker rustig mijn werk afmaken.

HOE MOET HET DAN WEL?

We zetten geen punt op de horizon, maar we gaan gewoon binnen op kantoor aan het werk en spreken af wat we volgend jaar, volgende week of volgende maand bereikt willen hebben.

SUCCES IS EEN KEUZE

Vroeger, als ik even geen gat meer in mijn carrière zag, keek ik altijd naar mijn lievelingsreclame uit de jaren negentig, die van John de manager voor Cup-a-Soup. Toen instantsoep nog een verantwoord tussendoortje was, toen niemand nog had gehoord van biologische groente en iedereen nog zei: 'Succes is een keuze.'

'Succes is een keuze': het was mijn lievelingskantoorcliché. Ik zei het vaak hardop tegen mezelf als ik in de stromende regen met een rokje op de fiets zat, als ik op een overvol treinbalkon stond met vier vouwfietsen tegen mijn schenen, of als mijn baas weer eens stond te schaterlachen als ik om opslag had gevraagd. Want in de jaren negentig wás succes nog een keuze. Toen prutste je wat in je garage in Silicon Valley en had je binnen vijf jaar een miljardenbedrijf.

Tegenwoordig kan dat niet meer. Want er is al zoveel keuzestress, daar kan 'succes is een keuze' echt niet meer bij. Tegenwoordig is succes een zoektocht, 'een werkwoord', een stappenplan. Van 'dromen naar denken naar durven naar doen' of van 'signaleren naar realiseren naar actie'. Wil je succes, dan moet je 'impulsen in de hand houden, emoties reguleren, optimistisch zijn, in staat zijn oorzaak en gevolg te analyseren, vertrouwen hebben dat iets je uiteindelijk gaat lukken en het vermogen hebben contacten te leggen met anderen', zo las ik ergens – doodmoe word je ervan.

En dan is succes ook nog eens stomvervelend geworden. Want had je vroeger succes als je een Porsche had, veel voor je werk naar New York moest en je de euries met bakken naar binnen harkte, tegenwoordig ben je dan juist een loser die zichzelf voorbijloopt, moet je je voortdurend blijven afvragen 'of dit nog wel is wat ik wil', 'moet je van de bank komen, in je kracht en mindful zijn' én empathisch voor je collega's. En dan moet je óók nog je kinderen goed opvoeden, gezond eten, genoeg sporten, stoppen met roken en matig drinken. Succes? Daar is echt geen reet meer aan.

Ik heb dan ook besloten dat ik niet meer voor succes ga kiezen, sterker nog, ik heb ervoor gekozen zo onsuccesvol mogelijk te zijn en ik moet zeggen: ik blijk er enorm veel talent voor te hebben. Ik zeg af en toe wat stoms in de vergadering, ik verpruts mijn PowerPoints, ik neem drie dagen ouderschapsverlof per week op en ik misdraag me op de vrijmibo – alles om niet in talentenklasjes te komen, geen scrum master te worden of die vreselijke promotie te maken. Ik heb me nog nooit zo goed gevoeld.

Zó goed zelfs dat mensen me steeds vaker vragen hoe ik het toch allemaal doe, die briljante columns, al die bestsellers, die 'wie doet me wat'-houding, dat geweldige kind van me en mijn twee in topconditie verkerende katten. Ik word zelfs al gevraagd voor congressen en seminars om het uit te komen leggen en er is al een enorme wachtlijst ontstaan van mensen die ook allemaal in een afgeragde rode Toyota uit 1995 willen rijden – net als ik.

Dus om heel eerlijk te zijn ben ik bang dat het alweer tijd wordt voor een disruptieve paradigmashift en denk ik erover om maar weer gewoon ouderwets voor succes te gaan kiezen, net als John de manager. Want natuurlijk is succes een keuze.

Maar als je niet oppast, maak je zo de verkeerde.

HOE MOET HET DAN WEL?

Succes is geen keuze. Succes is mazzel, de juiste mensen kennen en hard werken. En timing. Succes is timing. Die je helaas zelden in de hand hebt.

NEEM ONTSLAG EN BEGIN EEN START-UP

Vroeger was een start-up iets voor pizza etende jongens in de ICT die met vet haar en een capuchontrui hele nachten doorwerkten in hun garage in Silicon Valley en propjes papier in prullenbakken gooiden met een honkbalhandschoen aan hun linkerhand. Die tijd is gelukkig voorbij.

Tegenwoordig kan iedereen een start-up beginnen, kan álles een start-up zijn, hoef je alleen maar een Kamer van Koophandelnummer aan te vragen, een koffiezetapparaat te kopen en een idee te hebben – en zelfs dat laatste is niet eens nodig – en kun je al beginnen in een Starbucks in Waddinxveen, thuis met de kat op schoot, of in een McDonald's in IJsselstein.

Op die fiets is er al een start-up die boodschappen rondbrengt, is er een clubje sympathieke nerds dat losse artikelen uit kranten verkoopt, hoorde ik van een start-up die verloren portemonnees terugvindt en stuurde iemand me het plan voor een start-up die luiers kan laten appen als ze vol zijn.

Sterker nog. In 'The Global Startup Ecosystem Ranking 2015' las ik dat 'Nederland de afgelopen jaren is opgeklommen tot het derde snelst groeiende start-up-ecosysteem van Europa' en hebben we niemand minder dan prins Constantijn benoemd tot 'special envoy' om te zorgen dat er nog meer start-ups komen.

Nu denken jullie natuurlijk dat ik start-ups blabla vind. Omdat iedere stagiair met een grote mond en nul werkervaring er één kan beginnen. Dat is natuurlijk zo. Maar als jullie denken dat ik hier een potje cynisch ga zitten doen, dan moet ik jullie teleurstellen. Ik ben namelijk een enorm voorstander van start-ups.

Want ik hou heel erg van alle glamour, komedie en gebakken lucht die erbij komt kijken. Neem een vegetarische slagerij. Als je die vroeger begon, moest je keihard aan de bak. Tegenwoordig doe je je haar in een knotje, laat je je baard groeien en begin je een biodynamische start-up met vegetarische pulled pork. Dan sta je al met vier nul voor.

Want als je een start-up begint, dan vliegt de innovatie je vanzelf tegemoet. Dan kun je naar borrels met Neelie Kroes en op reis naar brainports en hippe 'innovation hubs' als Stockholm, Tel Aviv en Berlijn om te kijken hoe ze het daar aangepakt hebben. 'Iedereen met een internetverbinding kan een empire bouwen,' las ik ergens. Kijk, dat bedoel ik. De start-up is de VOC-mentaliteit die we in ons kikkerlandje veel te lang ontkend hebben.

Een start-up is ook altijd veel leuker dan een groot bedrijf met een raad van bestuur, een loongebouw en een wagenpark waar je keihard moet werken om je targets te halen. Dat hoeft allemaal niet in een start-up, sterker nog, ik adviseer iedereen met een start-up zo snel mogelijk te mislukken. Want dan kun je zeggen dat je een track record hebt, maar bovenal: dan kun je weer een nieuwe beginnen.

Want dat is het enige nadeel van een start-up: je kunt het niet eeuwig blijven en als je succes krijgt, is de lol eraf. Dan word je een gewoon bedrijf met een pensioenplan, een bedrijfshulpverlener, een richtlijn voor kerstverlichting, en wil iedereen bij je weg om zelf een start-up te beginnen.

Ik zeg dan ook: neem ontslag, begin zo snel mogelijk een start-up en geniet ervan. De start-upfase is het leukst. Vanaf daar is het alleen nog maar downhill.

HOE MOET HET DAN WEL?

Neem ontslag, begin een start-up en laat hem zo snel mogelijk mislukken. Dan kun je daarna weer een nieuwe beginnen en zeggen dat je disruptie hoog in het vaandel hebt staan. Maar je kunt ook gewoon op je werk een start-up beginnen met een paar leuke collega's. Dat noemen ze een leuke afdeling die bovengemiddeld scoort. Sterker nog, je bent zélf een start-up. Elke dag weer, als de wekker gaat en je uit je bed komt en weer aan het werk gaat.

DE CUSTOMER JOURNEY

Ik zeg het vaak, maar ik zeg het nóg maar eens: de mensen van sales verdienen groot respect. Omdat het werk dat ze doen het belangrijkst is van het hele bedrijf – proberen te verkopen wat hun collega's in elkaar prutsen – maar vooral omdat ze zich dagelijks door een enorme berg jeukwoorden heen moeten worstelen.

Als ik een 'meeting' met ze heb, verdiep ik me daarom vooraf altijd even in hun vakliteratuur. Om mee te kunnen praten, om weer even 'feeling te krijgen met the brand', om in hun 'flow' te komen en om ze ergens mee te kunnen 'triggeren'. En zo las ik ineens over 'de customer journey'.

De customer journey is 'de reis die de klant aflegt naar de aankoop van een product' en sinds het zo heet, is het er voor sales niet makkelijker op geworden. Want het is dus niet meer gewoon een klant die wifi wil, een stofzuiger of een winterjas, nee, het is een customer journey, 'een klantreis' (jeuk), en iedereen moet mee. Niet alleen de klant, maar ook de mensen van sales zélf, om inzicht te krijgen in 'de klantbeleving'. Dus als jullie denken: wat staat daar toch een enorme file met rugzakken, windjacks en slaapmatten: dat is dus de customer journey.

Gelukkig is er de afdeling 'customer experience management' om iedereen op de weg te houden. Die hebben ook 'roadmaps' gemaakt, iedereen kan douchen in de 'customer experience room' en er zijn de 'touchpoints': de plekken waar klanten in contact komen met je product.

Op al die 'touchpoints' moet iemand klaarstaan om de klant op te vangen, zo las ik op een site, want voor je het weet, is hij weer op customer journey naar een ander bedrijf. En het houdt ook nooit op, hè, zo las ik weer ergens anders. 'Want als bedrijf wil je natuurlijk uiteindelijk dat de klantreis nooit eindigt.'

Het is dus geen snoepreisje, die customer journey, maar een survivaltocht van bikkelen, schuttersputjes graven, valkuilen, trekkershutten, *into the wild*, grizzly's, en alles natuurlijk van de gebaande paden, dat snap je. 'Want een customer journey is allesbehalve een geëffend pad!' zo stond ergens en man, man, man, dat geloof ik graag. Ik heb zelfs gehoord van mensen die de verkeerde afslag namen op een customer journey en nooit meer terugkwamen.

Maar de grote verliezer op de klantreis is natuurlijk de consument. Want die moet uren in de wacht staan bij de customer experience officer, te pas en te onpas enquêtes invullen over hoe hij zijn klantbeleving ervaren heeft, en het komt natuurlijk ook niet altijd uit om op customer journey te gaan, mij in elk geval niet. Ik had laatst dus bijna even een fysiek klantcontactmomentje toen ik tegen zo'n gast riep dat ik geen customer journey wilde, maar gewoon dat mijn wifi het deed.

Gelukkig liep dat met een sisser af toen hij me vertelde dat het niet ging om mijn bestemming, 'maar om de journey ernaartoe'. Hij zei ook dat ik mezelf veel breder moet zien dan mijn behoeftebevrediging alleen, en hij bracht mijn hele customer journey in kaart, compleet met 'de emoties, de pijnpunten, de points of delight en de moments of truth' – googel maar even, je gelooft gewoon niet dat het bestaat. En toen berustte ik erin en dacht ik: die klantreis, dat is gewoon het leven zelf.

Ik heb nog maar niet tegen sales gezegd dat daar weinig aan te plannen valt.

HOE MOET HET DAN WEL?

Ik wil geen customer journey en al helemaal geen klantreis. Ik wil ook geen 'online reviews' invullen, geen klantenkaarten, geen 'loyalty programs', geen 'cashbacks' en ook niet teruggebeld worden door 'customer care'. Ik wil gewoon een stofzuiger kopen of een laptop, of dat mijn wifi het doet en daarmee basta. Wegwezen.

WERKEN OP EEN FLEXPLEK, DAT IS DE HEL

Als er ooit iets heel erg is misgegaan op kantoor, dan was dat op de dag dat de flexplek bedacht werd. De flexplek: de middelvinger van iedere baas naar zijn personeel.

Want de flexplek zegt dat een plek maar bijzaak is op kantoor. Terwijl iedereen die wel eens in een kantoortuin geweest is, weet hoe belangrijk een eigen plek is: een ijsschots tussen de flexcontracten, een warme kooi op een hevig rollend schip, een fort waar je alle disruptie en innovatie even van je af kunt laten glijden. Zeggen we soms ook dat een eigen plek in je leven onzin is? Ik dacht het niet.

Laatst zag ik iemand rondsjokken op zoek naar een flexplek, met een rolkoffer achter zich aan met een vingerplant erin, een geurkaars, een bakje quinoasalade, een tosti-ijzer, een voodoopoppetje, een beschimmelde appel, zijn eigen merk theezakjes, lelijke kindertekeningen, een ingelijste foto van zijn kat en keelpastilles. Hij zei: flexwerken is de hel. Maar dat klopt niet.

Want ik heb de longread van Dante er nog even op nageslagen, maar in de hel werden de plekken je tenminste nog toebedeeld. In het flexkantoor moet je het helemaal zelf uitzoeken. En je weet nooit waar je terechtkomt.

Dat was trouwens ook het idee achter de flexplek: dat je niet wist waar je uitkwam en dat je ging samenwerken met collega's naast wie je anders nooit was gaan zitten. De flexplek was het antwoord op de 'cubicles', die vreselijke hokjes in Amerikaanse kantoren die voelden als een legbatterij. Maar als dat een legbatterij was, wat zijn flexplekken dan? Vrije uitloop? En is de kwaliteit van de eieren die we daar leggen nou écht zoveel beter?

De enigen die blij zijn met flexplekken, zijn interieurarchitecten. Sowieso de meest overbodige beroepsgroep ooit. Dat zijn ook de mensen van de slechte akoestiek, de koffiecorners waar niemand wil zitten en 'flexen in de vlek'. Dat is dat je lekker flexibel mag gaan zitten, maar dan wel op de twintig vierkante meter die zíj bedacht hebben. Verder denken ze dat je slecht licht wilt, of aan stabureaus wilt staan, met als voorlopig dieptepunt de 'aanlandwerkplek', een flexplek waar je je mail kunt checken en koffie kunt drinken tot je échte flexplek beschikbaar is. Een soort voorportaal naar de hel.

Dat hele 'nieuwe werken' begint sowieso een enorme baard te krijgen, hè. Wat is er nog nieuw aan? Het schimmelt al twintig jaar over het kantoorleven. En waarom? Kostenbesparing? Omdat er niet genoeg plek is? Als dat zo is, ontsla ons dan. En hoezo niet voldoende plek? Overal in Nederland staan miljoenen meters kantoorruimte leeg. Genoeg om iedereen een eigen plek te geven met een hangmat, vier parkeerplaatsen en een basketbalveldje.

Ik zou dus zeggen: geef iedereen gewoon een eigen eikenhouten bureau met zo'n groen leren vloeiblad, een globe, een chesterfieldbank, een schemerlamp, een voetenstoof, een opgezette eekhoorn en een koperen bordje met naam en functietitel waar je al je spullen uit je rolkoffer kunt neerzetten én kunt laten staan. Ik durf te wedden dat het aantal burn-outs erdoor met de helft afneemt.

Want een werkplek is geen onpersoonlijk leeg bureau met de uitstraling van een vliegveldtoilet. Een werkplek is wie we zijn, ons thuis, een spiegel van onze identiteit.

Ontneem ons onze identiteit, en je krijgt er kleurloos werk voor terug.

HOE MOET HET DAN WEL?

Donder op met je flexplek, je aanlandplek en je 'flexen in de vlek' en geef iedereen gewoon een eigen bureau of laat mensen thuiswerken. Het is allemaal niet zo ingewikkeld, jongens.

DE KERSTTRUI OP KANTOOR. MOET DAT?

Jongens, zet je alvast schrap voor december, want dan komt hij er weer aan: de lelijke-kersttruiendag op kantoor. Hij staat elk jaar gepland op een vaste dag, check even welke het dit jaar is.

De lelijke-kersttruiendag is een traditie die zich vanuit het Angelsaksische kantoorleven naar Nederland heeft geworsteld en waarbij het de bedoeling is dat iedereen een lelijke kersttrui aantrekt naar kantoor. En dan bedoel ik niet stiekem tóch sexy, maar écht lelijk. Dus een trui met roze eenhoorns, flikkerende lichtjes, rendieren die sneeuwballen braken, bungelende kerstklokken en andere dingen die niet op truien thuishoren tenzij je vier bent. Ik heb het even nagevraagd, maar het is verplicht eraan mee te doen.

Waarom?

Omdat het de enige dag is dat truien op kantoor zijn toegestaan. Als er een lelijke-kersttruiendag op je werk is, kun je al die andere dagen van het jaar de lelijke truien naar huis terugsturen. Maar het is ook voor het goede doel – je moet geld inzamelen voor Save the Children – én het is natuurlijk ook een goed doel dat bepaalde collega's zich juist eens wat meer bedekken.

Verder is lelijke-kersttruiendag een mooie test hoe leuk je collega's zijn. Gaan ze er cynisch over zitten doen, dan weet je dat het saaie eikels zijn en dat je hun ook niet hoeft te vragen als er weer eens een voetbaltoto moet worden verdeeld of een fles champagne op moet.

Maar het is ook gewoon verrassend om te zien hoe je collega's er ineens uit kunnen zien in een wollen setting. Ik verheug me zelf bijvoorbeeld enorm op mijn baas in een grote pluizige onesie met kerstballen. Met een beetje mazzel krijgt bovendien de JUISTE collega het er heel warm van – denk Mark Darcy in Bridget Jones – en moet het allemaal uit. In die zin kan de lelijke kersttrui het begin zijn van stormachtige, romantische kantooravonturen. Natuurlijk gaat dit niet gebeuren, DAT WEET IK OOK WEL, maar je houdt toch hoop.

Waarschijnlijker is dat die ene hysterische collega aan wie je je het hele jaar al zo ergert kirrend door de gang loopt om iedereen te verzamelen voor de vreselijke groepsfoto, ben je vóór de lunch al misselijk van de borstplaat en wil je dan al iedereen aan een fonduevork door het frituurvet trekken. En dan moet de kerstborrel nog beginnen.

Maar ook dát heeft weer een functie. Sterker nog, dat is het mooiste van lelijke-kersttruiendag: dat daarna álles meevalt. Als je de lelijke kersttrui overleeft, weet je dat je daarna alleen nog maar kerst, je schoonfamilie, het gourmetten, het vuurwerk, Nieuwjaarsdag en de eindeloze maand februari hoeft te doorstaan en dat daarna het grote genieten alweer begint.

Op die manier is lelijke-kersttruiendag het startschot voor de laatste, vreselijke stuiptrekking van alle ellende des levens, een catharsis, waar je als een feniks uit kunt herrijzen. Verder draaien we volcontinu Mariah Carey, spuiten we nepsneeuw de gangen in en komt Gordon een rentreeconcert geven. Want er is weinig zo mooi op kantoor als samen de ellende trotseren.

HOE MOET HET DAN WEL?

Gewoon één dag in het jaar die lelijke kersttrui aan, geld geven aan het goede doel en niet zeuren.

DE ZES DINGEN DIE IN ELK KERSTPAKKET HOREN TE ZITTEN

Als je een keer een explosieve kantoorlunch wilt beleven – compleet met schuim in de mondhoeken en over de tafel vliegend serviesgoed – dan moet je voor de lol eens beginnen over het KERSTPAKKET en of dat niet kan worden afgeschaft. Geheid dat je collega's je dan tot diep in april tot op het bot haten.

Want het kerstpakket is heilig op kantoor. Ik durf te wedden dat als de aarde ontploft en we over vierduizend jaar weer voorzichtig beginnen met een meeting aan een statafel, er twee dingen als eerste zullen worden geregeld: een koffieautomaat en een kerstpakket. Waarom? Omdat iedereen hartstikke gehecht is aan dat ene moment in het jaar dat je ZOMAAR iets van je baas krijgt – dat is de verbinding waar iedereen naar smacht.

Wat niet wil zeggen dat elk kerstpakket een GOED

kerstpakket is. Het luistert heel nauw. Allereerst moet erover geklaagd kunnen worden. Een kerstpakket waar niet over geklaagd wordt, is geen kerstpakket. Er zijn wel bedrijven waar het personeel mag zeggen wat ze willen. Daar wordt dan geld gegeven, of waardebonnen. Of er zijn kerstmarkten waar ze mogen kiezen. Maar die bedrijven hebben het dus niet helemaal begrepen. Want sinds wanneer luistert het bedrijf naar het personeel? En er dan ineens aan het einde van het jaar mee beginnen? Ik dacht het niet. Een kerstpakket krijg je in je mik gesplitst, dat is het idee. Dan ga je niet net doen of er iets te kiezen valt.

Hoe het dan wél moet? Allereerst moeten er ragoutbakjes in zitten. Een kerstpakket zonder ragoutbakjes is als een Tour de France zonder Mart Smeets – het lijkt een prima idee, maar als het eenmaal zover is, mis je toch iets. Ten tweede moet er wat in zitten waar je zelf nooit op gekomen was én niks aan hebt, zoals een botermes, kurken onderzetters of een etagère.

Ten derde moeten er ongezonde dingen in zoals likeurbonbons, tompoezenpakketten en worstenbroodjes. Er zijn wel bedrijven die van die vergeten-groenten-abonnementen geven, of een tegoedbon voor een middagje in de klimhal, maar kom op. Het is KERST, mensen. Dan proppen we ons vol om het allemaal een beetje draaglijk te houden. Dan wil je geen kerstpakket dat dat proces verstoort. Er moet dus ook drank in, én veel dingen waar je een droge mond van krijgt zoals soepstengels, crackers en kaaskoekjes als excuus om het met flessen tegelijk naar binnen te gieten, én een klungelige brief van de directie met teksten als 'het was niet gelukt met jullie inzet' en 'volgend jaar wordt het nog veel erger'.

Maar het allerbelangrijkst is natuurlijk dat het in een VEEL TE GROTE DOOS zit met VEEL HOUTWOL. Het moment dat die muur van dozen bij de receptie staat is het mooiste van het hele jaar. En dan die brave huisvaders die katjelam van de kerstborrel met zo'n doos op de fiets naar huis moeten klungelen of in dat vierzitje in de trein. En maar glunderen naar de andere passagiers: wie heeft de grootste.

Dat is trouwens ook een mooi moment om even stil te staan bij al die zzp'ers in je bedrijf, want die krijgen dus niks, hè. De mensen die het hardst werken en het meest klagen – het is niet eerlijk. Maar ook dát is het kerstpakket, jongens.

Het is alleen voor mensen die al jaren met handen en voeten gebonden zijn.

HOE MOET HET DAN WEL?

Een kerstpakket hoort in een GROTE DOOS MET VEEL HOUTWOL en er moeten ragoutbakjes in. Einde bericht.

LAAT LEKKER HANGEN, JOH, DAT LAAGHANGEND FRUIT

Wat me al mijn hele kantoorwerkende carrière de neus uit komt, is het 'laaghangend fruit'. En dan bedoel ik niet het laaghangend fruit in de bongerd, het laaghangende fruit van de hond van de buren of het laaghangende fruit van de man die veel te dicht bij je staat in het gangpad van een overvolle trein, nee. Dan bedoel ik het laaghangend fruit op kantoor. Wat het is? Het zijn de resultaten die een bedrijf relatief makkelijk kan behalen. En als je de vakliteratuur mag geloven, is de kantoorjungle een soort smulbos waar het met bakken vol aan de struiken hangt. Het enige dat er nodig is, is een 'quick scan' en dan rollen de 'quick wins' je al om de oren. Ja, ik heb nu weer jeuk, ja.

Er staan ook allemaal tips op managementblogs hoe je laaghangend fruit 'op een veilige manier kunt oogsten'. Er is zelfs een 'dag van het laaghangend fruit', serieus, en 'laaghangend fruit dat aan twee kanten snijdt', zo las ik elders. Daarvoor moet je tuinhandschoenen aan, denk ik, want ik durfde niet door te lezen.

Jongens, hou eens op. Dat laaghangende fruit groeit echt niet vanzelf, hoor. Want er staat dus niks over groene vingers, hè, op al die blogs. Ik bedoel, er wordt alleen maar gesproken over plukken en oogsten, maar niks over zaaien, snoeien, onderhoud, bemesting en schimmelbestrijding. Bij andere thema's heeft iedereen op kantoor altijd de mond vol van duurzaam ondernemen en de circulaire economie (mogen we daar trouwens ook mee ophouden), maar blijkbaar geldt dat niet voor dat arme laaghangende fruit. Alsof het alleen maar een kwestie is van pakken wat je pakken kunt op kantoor. Alsof het vanzelf gaat.

Jullie kennen je klassiekers bovendien slecht. Want in de wereldliteratuur is het alleen maar ellende als het over laaghangend fruit gaat. Al vanaf het prille begin – denk Adam en Eva, denk de twistappel – is er echt niemand beter van geworden. Je wílt het wel pakken, maar ondertussen weet je ook wel dat je het beter niet kunt doen: dat frietje op het station, dat laatste stukje taart dat er al zes uur ligt, de knappe stagiair – afblijven, mensen. Het is hier het oude Rome niet.

Ik dacht ook nog aan de bramen die ik altijd plukte met mijn vader. Ik was nog klein met twee staartjes en ik plukte laag bij de grond met mijn gele emmertje, terwijl mijn vader hoog op de meegebrachte ladder het fruit met bakken naar binnen harkte. Zo is het natuurlijk ook op kantoor: laaghangend fruit is voor kleuters. Voor de échte resultaten zul je hard moeten werken, in het zweet jouwer aanschijnsch.

En dan nog. Stel, dan héb je al dat laaghangende fruit. En dan? Maak je er jam van, verkoop je het of eet je het allemaal zelf op? Je collega's hoeven het in elk geval niet. Die eten alleen Marsen, Nutsen en rijstwafels. En als je het gaat verkopen, past dat dan wel in de corebusiness?

Ik zou dan ook zeggen: laat dat laaghangende fruit gewoon eens lekker hangen en concentreer je op de dingen waarvoor je je best moet doen op kantoor. Met een beetje mazzel gaat het dan bovendien gisten. En van gegist fruit is nog nooit iemand slechter geworden.

Zéker niet op kantoor.

HOE MOET HET DAN WEL?

Lekker makkelijk, dat laaghangende fruit oogsten. Dat kan iedereen. Denk liever aan de bemesting, het snoeien, het knotten, het zaaien en de schimmelbestrijding. Dan valt er volgend jaar ook nog wat te oogsten.

WIE WIL ER NOU CENTRAAL STAAN?

Vroeger was de klant nog gewoon koning. Tegenwoordig 'staat hij centraal' of erger nog: wordt hij 'centraal gezet'. Ik weet niet waar dat is misgegaan en wie ermee begonnen is; ik weet wel dat het behoorlijk druk geworden is op Centraal. Want niet alleen de klant staat daar tegenwoordig, ook 'de leerling', 'de burger', 'de docent', 'het kind', 'de verbinding' en dan was er nog dat seminar waar laatst 'uw uitdaging' centraal stond.

Wat een gedoe. Want er staat nooit bij hoe je al die dingen en mensen centraal krijgt, of het daar dan niet te druk wordt en over welk centrum we het dan hebben. Moet je er zelf heen, word je gebracht of komt de berg naar Mohammed?

Maar de belangrijkste vraag is natuurlijk: waarom moet het gezegd worden? Ligt het niet heel erg voor de hand dat als je een school bent, je de leerling centraal hebt staan? Of dat als je in de politiek zit, de burger? Het is een beetje als de groenteboer die zegt dat hij groente centraal heeft staan, of de slager die dat zegt over zijn vlees. Dan ga je je toch afvragen of dat vroeger niet zo was. En wat er dan anders centraal zou moeten staan. De Maserati van de directeur? De golfbaan van de commissaris? De kroketten in de kantine?

En het kán ook helemaal niet, hè, al die mensen centraal. Want als we allemaal centraal staan, hoe bijzonder is het dan nog? Dan worden we allemaal van die verwende kinderen die de hele dag verwachten dat ze maar centraal staan.

Ik vind het zelf bovendien juist wel lekker om een beetje genegeerd te worden. Als ik bijvoorbeeld een winkel binnenloop, vind ik het helemaal niet zo fijn als alle verkopers op me duiken. Ik was ook een keer op Schiphol toen alle taxichauffeurs tegelijk naar me toe kwamen. Ik heb me nog nooit zo centraal voelen staan. Maar of het fijn was? Nou, nee.

En het wordt je ook nooit gevraagd. Of je wel centraal wílt staan. Zo ken ik best veel mensen die liever in een Vinex-wijk wonen dan centraal. Want als je centraal zit, ben je vaak amper bereikbaar.

Dat is ook een beetje de paradox van centraal. Het lijkt alsof dat handig is, denk Utrecht Centraal. Maar man man man, wat een crime is het om daar te komen, áls je er al komt. Dat is ook de denkfout die veel bedrijven maken. Die denken dat het slim is om lekker centraal in een glazen pand op, zeg, het Amsterdamse Rokin te gaan zitten. Maar in de praktijk houdt dat in dat amper nog iemand het kantoor kan bereiken, tenzij ze met een tank of een helikoptertje komen.

En dan is er nog de vraag: wat dóé je als je dan centraal staat? Reis je dan door, stap je over of blijf je daar? Daar weet de NS alles van. Die heeft allerlei winkels bedacht om het leed van de reiziger ('de reiziger centraal') wat te verlichten terwijl hij in die tochtige hal staat te wachten. Maar echt gezellig is het er natuurlijk niet.

Want dat is ook iets van centraal, hè: je staat er niet voor je lol. Als je er bent, wil je liever naar huis. Even centraal staan is misschien leuk.

Maar op een gegeven moment moet je toch gewoon weer door met je leven.

HOE MOET HET DAN WEL?

Hoezo staat de klant bij jullie centraal? Of de leerling? We doen het toch ALLEMAAL voor onze klanten? Of onze leerlingen? Of onze burgers, of voor wie of wat dan ook waar we het voor doen? Dat is vrij logisch, dus het klinkt best stom om dat er apart bij te zeggen.

DURF TE FALEN OP JE WERK

Ik ken best veel mensen die goed zijn in hun werk. Die salarissen op tijd betalen, die jaarrekeningen netjes controleren, die offertes binnenslepen, die vriendelijk doch rechtvaardig met hun ondergeschikten omgaan, die branden blussen, die boeven vangen, die doen wat ze moeten doen en keihard werken, soms zelfs in hun eigen tijd.

Maar jongens, stop er maar mee, want ik heb een nieuwe beweging ontdekt, de 'durf te falen'-beweging. Die maakt zich hard voor het maken van fouten op je werk. Sterker nog, je moet van deze beweging bewust fouten maken en je (nog veel vaker) de woede van je baas op de hals halen. 'Want teleurstellingen laten zien dat je ambitie hebt', zo las ik op een site die ik sindsdien boven aan mijn lijstje favorieten heb staan.

In het begin moet je even een drempel over. Zeker als je altijd geprobeerd hebt zo min mogelijk fouten te maken om je collega's te ontzien. Maar als het niet meteen lukt, ga je gewoon naar een 'faalcursus', en daarna knal je de ene na de andere fout er moeiteloos uit. Want die zijn er dus: faalcursussen! Vroeger had je faalangstcursussen, maar ze hebben gewoon dat 'angst' eraf gehaald en nu zijn ze overal.

Ik vond de 'weekendcursus fouten maken moed' het mooist. Waarin je onder leiding van 'faalkundigen' leert om fouten te maken. En er zijn 'fuckup nights' waarin mensen hun fouten en stommiteiten onder luid applaus delen – bevrijdend.

Want als je voor je falen uitkomt, leer je er niet alleen zelf van, maar geef je dat geschenk ook aan anderen – win-win dus. Iemand op Twitter schreef me dat het kantoor van zijn vrouw, waar ze werken aan een 'agile transitie', het 'stralend falen' noemt. Ik zou zeggen: eindelijk. Jaren heb ik gedacht dat succesvolle mensen juist de minste fouten maken, nu kan ik me wel voor mijn hoofd slaan dat ik het niet eerder heb gezien.

En ik merk dat het aanslaat! Ik krijg brieven van kantoortijgers overal uit Nederland die juichend afdelingen oplopen met in hun hand een map met een gefaald project. Ze worden met applaus binnengehaald en op de schouders gehesen. Collega's die alles goed willen doen en nog rekenfouten uit projectvoorstellen halen, worden door managers terzijde genomen en moeten dan eens even goed nadenken waar ze nu helemaal mee bezig zijn.

De enige die niet zo blij is met de 'nieuwe fouten'-beweging – zul je net zien – is mijn baas. Hij zei laatst: fouten maken doe je maar in je eigen tijd. En: ga liever van capabele collega's leren, van managementboeken en van andermans fouten. Hij wil nu ook een foutenquotum, een soort maximumaantal fouten per dag, en mensen op cursussen sturen om te leren fouten te vermijden. Echt superouderwets.

Ja, het maken van fouten leidt natuurlijk niet automatisch tot succes. Kijk naar het Nederlands elftal. En natuurlijk is het niet zo handig om een zwaar brugdeel op een ponton te zetten, je scalpel in een patiënt te laten zitten en een foute boeking te maken waardoor je bank 222 miljoen euro verliest.

Maar draai het nu ook eens om. En bedenk: hoe groter de fout, hoe groter de glorie, en hoe groter de glorie, hoe groter je volgende fout. Een oneindige opwaartse spiraal van succes ligt in het verschiet.

HOE MOET HET DAN WEL?

Ja, fouten maken, daar leer je van. Maar je leert ook van capabele collega's. En van andermans fouten en van cursussen. Dus tja.

LUISTEREN NAAR DE WERKVLOER. MET JE OOR OP DE GROND

Als ik sommige managers mag geloven, dan is de kantoorjungle een soort radio-uitzending die je aan en uit kunt zetten. Ik lees namelijk veel in de managementliteratuur over 'luisteren naar de werkvloer' en dat je je als 'leidinggevende geregeld moet openstellen voor signalen van je werknemers'.

Dus daar liggen ze dan, al die managers, met hun oor plat op de grond van de werkvloer. Als een Old Shatterhand die de trappelende buffels mijlenver kon horen aankomen. Jongens, had nou naar mij geluisterd. Ik weet namelijk allang dat wie zijn oor te luisteren legt op de werkvloer, niets hoort. Of beter gezegd: je hoort van alles, behalve de dingen die je zou moeten horen. Want dat is natuurlijk het kernprobleem van luisteren naar de werkvloer: de dingen die je niet hoort, zijn vaak veel interessanter dan de dingen die je wel hoort. En als je wilt luisteren, moet het stil zijn, maar wanneer is dat het nou op de werkvloer?

Als ík naar de werkvloer luister, hoor ik in elk geval altijd alleen maar een enorme teringherrie. Iemand die 'joe, doen we het zo' in een telefoon roept, iemand die gillend met wapperende papieren uit een 'superbelangrijke meeting' komt, iemand die de laatste stand van zijn strijd tegen de kilo's bespreekt en iemand die vertelt wat er allemaal uit het abces van zijn kat kwam. Ik bedoel, ik heb niet echt de indruk dat er op de werkvloer voortdurend zoveel relevants gezegd wordt.

Maar goed, stel. Dan heeft de baas eindelijk een gaatje in de agenda geprikt, een ruimtetje gereserveerd en een broodje geregeld. En dan komt hij luisteren. Wat ik dan vaak heb, is dat ik óf niet kan die dag, óf na afloop, in gesprek met collega's, de beste ideeën krijg over wat ik had moeten zeggen. Of erger nog, dat ik er op het moment supriem niet tussenkom.

Want dat is dus ook een probleem van luisteren naar de werkvloer: je hoort altijd dezelfde mensen praten. En dat zijn zonder uitzondering de mensen naar wie de baas nou juist níét zou moeten luisteren.

En dan is er ook nog de baas zelf die het luisteren naar de werkvloer vaak verpest. Want welke baas kan er nou góéd luisteren? Veel bazen horen vooral graag zichzelf praten als ze aan het luisteren zijn. En zelfs als ze goed luisteren: 'Vergis u niet,' zo schreef Jacobus al in een brief in het Nieuwe Testament, 'alleen horen is niet genoeg, u moet wat u gehoord hebt ook doen.'

Wat dus veel beter werkt dan luisteren naar de werkvloer, lieve bazen van Nederland, is om stiekem achter een plant te gaan staan en eens af te luisteren wat er op de werkvloer gezegd wordt. Of beter nog, om de werkvloer op mute te zetten in plaats van op de praatstand. Misschien 'hoor' je dan eindelijk die collega die nooit iets zegt, maar wel de beste ideeën heeft. Misschien hoor je het stille verdriet van de collega die al veel te lang op een plek zit waar hij niet gehoord wordt, de collega die al heel lang weg wil, maar niet kan, de collega die barst van de ambitie maar het niet hardop durft te zeggen.

Mensen zeggen zoveel, maar er is niets zo veelzeggend als de stilte. En als baas hoor je de beste dingen, als je luistert naar je geweten.

HOE MOET HET DAN WEL?

Luister liever eens naar wat mensen te zeggen hebben dan naar het gekakel op de werkvloer.

WE GAAN STOPPEN MET HET WOORD 'PAPADAG'

Ik denk dat het woord 'papadag' ooit bedacht is door een ambtenaar die zichzelf heel modern vond, maar stiekem zo conservatief was als de lijsttrekker van de SGP. Want als ik 'papadag' hoor, zie ik altijd een grote pan spruitjes voor me die al 44 minuten staan te koken.

Ik dacht dat het woord al jaren bij het grofvuil stond, naast de kwispedoor, de humidor en de kamferballen, maar nee, ik hoor het nog overal. Sterker nog, ik hoor het de laatste tijd ook hippe vaders zeggen, alsof ze hun kinderen als lifestyle zien. Donderdagavond squashen, zaterdag gaan ze hockeyen en ergens daartussenin proppen ze hun kinderen in een papadag.

Jongens, we gaan stoppen met dat woord. Waarom? Omdat iedereen zich eraan ergert – het staat al jaren hoog in de top tien van alle jeukwoordenverkiezingen

– en omdat 'papadag' het vaderschap een slechte naam geeft. Want het impliceert dat het blijkbaar zó bijzonder is dat papa een dagje bij zijn kinderen is, dat die dag een aparte naam moet krijgen. De enige dag in de week dat papa papa is; papa, de parttimepapa.

Zes dagen in de week zorgt mama voor de kinderen en zit papa 's avonds op de bank met een whisky en een sigaar op het eten te wachten. Maar één dag doet hij eens gek en blijft hij thuis en mag mama 's avonds de rotzooi opruimen.

Lieve mensen, ik zeg het nog maar even voor de zekerheid: net zoals je niet een beetje zwanger kunt zijn, kun je ook niet een béétje papa zijn. Je bent altijd papa. Ook als je op je werk zit. Ik vind het ook gewoon te zielig voor de kinderen, papadag. Dan zie ik betraande kindergezichtjes voor me die vertwijfeld naar hun pappie opkijken als hij tegen ze zegt: 'Vandaag is papa geen papa, jongens. Dat was gisteren.'

Sowieso dat hele onderscheid tussen werken en zorgen, dat is toch ook 1954, mensen. Want zoveel verschil is er nou ook weer niet, hè, tussen thuis en werk. Ik heb geregeld van die dagen dat het op kantoor meer lijkt of ik tussen de kinderen zit die aandacht moeten dan thuis. Hoe hoger in de hiërarchie, hoe kinderachtiger ze vaak zijn. Collega's die een heel GROTE nieuwe auto hebben en die graag willen laten zien, collega's die mailtjes naar de baas sturen vanaf mijn scherm als ik even van mijn plek ben, of collega's die hengelen naar een complimentje voor hun mooie tekening, pardon, PowerPoint.

En dan is er nog de overlast die het woord 'papadag' veroorzaakt voor de hele maatschappij. Met van die papa's die hun baby als een dossiermap op hun boekenplank zetten en thuis gewoon doorwerken. Of erger nog, van die papa's die alles uit de kast trekken. Die niet gewoon thuiszitten en rustig een puzzeltje leggen met hun kinderen, maar die een heel schema hebben voor hun papadag. Die naar de kinderboerderij moeten om hun 'kids' te leren aarden met cavia's, naar de babyyoga om ze meer in contact te brengen met hun lichaam en naar de Japanner om ze sushi te leren eten met stokjes. Dat zijn ook de papadagen dat niet alleen de vaders heel blij zijn dat het weer voorbij is, maar ook de kinderen opgelucht ademhalen dat ze weer naar de opvang kunnen.

Vanaf vandaag gaan we papadag dus anders noemen. We noemen het 'de dag dat je thuis bent met je kinderen'. De dag dat je niet op je werk papa bent, maar thuis.

Een dag die zó vanzelfsprekend is dat hij geen naam mag hebben.

HOE MOET HET DAN WEL?

Je hebt geen papadag, mallie. Je bent élke dag papa, als je papa bent.

NEEM NOOIT EEN BOTERHAM MEE NAAR KANTOOR

Een van de grootste kantoorclichés in Nederland is de boterham. Overal ter wereld kopen mensen hun lunch lekker buiten de deur, maar in Nederland nemen we boterhammen mee naar ons werk. Van die platgedrukte bammetjes in folie, broodtrommels of zakjes met zo'n sluitclip. Met van die zure jonge kaas bij voorkeur, niet te veel smaak. Ideaal voor de Nederlandse kantoortijger die eigenwijs is, een individualist, maar wel braaf achter alle managementmodes aan loopt.

De kantoorboterham is zo Nederlands als het regenpak, de vouwfiets en korte vrouwenkapsels. Hij is eenvoudig doch voedzaam en heel erg 'doe maar gewoon, dan doe je al gek genoeg' – voor mijn geestesoog zie ik Calvijn, vadertje Cats, Willem Drees en Wim Kok goedkeurend knikken. Maar bovenal is de boterham natuurlijk lekker goedkoop! Weet je wel hoe duur het is als je steeds je lunch moet kopen, zeggen collega's overal in Nederland tegen elkaar. Hooguit, als ze heel gek doen, kopen ze er een kroketje bij. En dan zitten ze in de kantine met hun meegebrachte trommel en een likje mosterd.

Met een boterham mee hoef je ook niet voor iemand anders de lunch te betalen en kom je dus nooit gierig over, want ja: waarom zou ik voor jou betalen als ik zelf mijn boterhammetjes heb meegenomen? En je kunt ze lekker achter je scherm oppeuzelen – nergens ter wereld zitten er zoveel broodkruimels en gefossiliseerde stukjes kaas tussen de toetsenborden – ideaal. Want dan kun je een uur eerder naar huis om op zolder met je modelspoorbaan te spelen.

En toch is de kantoorboterham er niet altijd geweest. Hadden ze in de renaissance boterhammen mee naar het werk? Of tijdens de verlichting? Dacht je dat de mannen van de VOC boterhammen mee hadden op hun tocht naar de Oost? Ik dacht het dus niet, mensen. Die hadden niks mee, hoogstens wat droog vlees en bier en ze kwamen creperend van de scheurbuik in Macau aan. Ik denk dus juist DOORDAT ze geen boterhammen bij zich hadden.

Want zonder boterhammen ga je vérder. Zonder boterhammen moet je op zoek en wie weet waar je terechtkomt, waar je slaapt en wat je zult eten. Zonder boterhammen ga je door tot je ergens bent – áls je ooit nog terugkomt. Dacht je dat Elon Musk terugkwam om een boterham te halen? Ja, Jan. Díé kwam thuis om een boterham te halen.

Ik durf te beweren dat sinds we de boterham hebben, ons land langzaam ten onder gaat. De boterham heeft van ons land een bang land gemaakt, vol scrum masters. Alle fut is eruit, weg is alle innovatie. Bange wezels zijn we geworden met onze boterhammen in de tas. We hoeven nergens meer naartoe, alleen nog maar naar huis om nieuwe boterhammen te smeren. Mark Rutte neemt zijn eigen brood mee naar het Torentje, godbetert. Lekker normaal doen.

Sinds we de boterham hebben, blijven we nergens meer hangen. Sinds de boterham hebben we zekerheid en nooit meer een verrassing. Sinds de boterham weet iedereen wat er van hem verwacht wordt en hebben we niks meer te vrezen. Sinds de boterham hebben we nooit meer trek en zonder trek blijft iedereen zitten waar hij zit.

De boterham heeft labbekakken van ons gemaakt.

HOE MOET HET DAN WEL?

In plaats van je boterhammen mee naar kantoor te nemen kun je tussen de middag ook eens een ommetje maken met je collega's en dan gaan chinezen, oesters eten of gourmetten, of beter nog: nooit meer terugkomen.

JE ZULT MAAR EEN 'BACK-END DEVELOPER' ZIJN

Als je de managementliteratuur mag geloven, is elk bedrijf helder ingedeeld. Zo komen de reorganisaties en decreten 'van bovenaf', komen het draagvlak en de vernieuwing 'van onderop', probeert sales 'aan de voorkant' klanten binnen te halen en worden er 'aan de achterkant' vakantiedagen ingepland, salarissen betaald en computers geprogrammeerd.

Maar er gebeurt nog veel meer aan de voor- en achterkant, je wilt gewoon niet weten wat je allemaal tegenkomt als je even googelt. Zo zijn er 'ideeën die aan de voorkant worden ingebracht, en worden geoogst aan de achterkant' (ieuw), heeft het 'geen zin een bak geld aan de voorkant van een proces te pompen dat aan de achterkant stuk is' en las ik dat 'vrijheid aan de voorkant vraagt om een strakke organisatie aan de achterkant'.

Jongens, echt niet. Jullie weten écht niet precies wie waarvoor verantwoordelijk is in een bedrijf en waar de voor-, de achter-, de boven- en de onderkant zijn. Dat weet niemand. Als mensen érgens vaak de weg kwijt zijn, dan is het namelijk wel op kantoor. Ik weet zelf ook geregeld van voren niet meer wat er van achteren gebeurt.

Ik zou willen dat ergens op kantoor een plattegrond hing met zo'n grote rode pijl van 'U staat hier' en 'daar moet u naartoe'. Want de kantoorjungle ís niet overzichtelijk, wat managementgoeroes je ook proberen wijs te maken. Overal loert het geluk, het gevaar komt altijd uit onverwachte hoek en je kunt nooit voorspellen van welke kant het nu weer komt. Want komen alle decreten nou écht alleen maar van boven? Ik heb vaak de indruk dat er onder aan de organisatie het hardst wordt gecommandeerd. Of neem enthousiasme, innovatie, disruptie en frisse ideeën: die zouden 'van onderop komen'. Maar er gaan geregeld dagen voorbij dat ik daar alleen maar geklaag en oprispingen hoor. En dat de enige vernieuwing juist van boven komt.

Maar het is toch ook gewoon heel naar, al dat 'van onderen' en 'van achteren'? Wie wil er nou werken in iets wat 'de onderkant' heet? Ik denk in elk geval altijd aan een peuter die bij zijn potje staat als ik 'bottom-up' hoor. Ja, 'aan de voorkant', dáár wil iedereen wel zitten. Gezellig bij de jongens van sales, lekker uitzicht, zonnetje op de ramen. Maar de back-end, de backoffice? Ik dacht het niet.

En zo noemen ze die mensen ook, hè: 'back-end developers' en 'backofficers'. Alsof ze door de achteringang moeten, alsof ze in een sweatshop werken en de hele dag met plastic handschoenen darmonderzoeken moeten uitvoeren – een soort zetpil van de organisatie. En maar klagen dat er een tekort aan 'back-enders' is. Vind je het gek, als je ze zo noemt.

Ze verdienen het ook niet. Want het zijn dus juist de lieverds van kantoor, die 'back-end developers'. Ze zijn altijd aardig, verliezen nooit hun geduld en zorgen dat alle databases en coole appjes werken die je aan je moeder en aan je klanten kunt laten zien.

Daarom zeg ik: we gaan al die organisaties eens even kantelen. Dat willen al die verandermanagers toch zo graag? Nou, hup dan. De achterkant naar voren, de voorkant naar de achterkant en van onderen naar boven.

Maar het best is om het helemaal niet meer te hebben over dingen die van boven, van onderen, van achter en van voren komen, maar ons alleen nog maar druk te maken om de zaken die er écht toe doen, namelijk om de dingen die komen van binnenuit.

En om samen de weg te vinden.

HOE MOET HET DAN WEL?

Werk jij aan de voorkant of aan de achterkant? Eh, nou, ik werk hier gewoon.

DE BALANS TUSSEN WERK EN PRIVÉ BESTAAT NIET

Jongens, ik zeg het maar eerlijk, ik had deze column bijna niet op tijd afgekregen. Want ik had slecht geslapen, ik moest op de radio een column voorlezen, mijn dochter helpen met wiskunde, ik moest sporten, 369 mails beantwoorden, naar een ouderavond, naar een huis kijken omdat we uit ons oude gegroeid zijn, met de kat naar de dierenarts en met een vriend lunchen die ik al vier maanden niet gezien heb. Maar het ergst was nog wel dat ik amper iets op papier kreeg omdat ik heel nerveus werd van alle managementblogs over 'de balans tussen werk en privé'.

O ja, dat vergeet ik bijna: daar gaat deze column dus over, over 'de balans tussen werk en privé'! Over het evenwicht dat je moet bereiken tussen alles wat je in je relatie, je gezins- en privéleven op de rit moet krijgen en houden én al die eisen waaraan je moet voldoen op je werk.

Ja, vroeger, tóén was er nog balans tussen werk en privé. Toen had iedereen nog een eigen kamer op kantoor, kon je op je werk uitrusten van je privéleven en lekker doorwerken. Die tijd is voorbij sinds een groepje sadistische architecten de open kantoortuin met flexplekken over werkend Nederland heeft uitgerold, waardoor iedereen de hele dag in de teringherrie zit van al die mensen die hun privé meenemen naar hun werk. Waar je blij mag zijn dat je überhaupt een werkplek hebt, nooit meer iets afkrijgt en je dossiers dus wel mee móét nemen naar huis.

En dan hebben we natuurlijk ook nog allemaal een smartphone gekregen waarmee we 24/7 in contact staan met de wereld, onze baas, onze vrienden en onze concurrenten. Er is geen ontsnappen meer aan. Opgejaagd wild zijn we geworden.

Voor de minister van Sociale Zaken was al deze ellende reden om 'het recht op onbereikbaarheid' te lanceren. Het recht van elke werknemer om tegen zijn baas te zeggen 'hoor eens, ik ben nu vrij'. Maar ik denk niet dat daar de oplossing ligt. Ik hoef zelf in elk geval niet onbereikbaar te zijn in mijn vrije tijd, maar liever wat vaker op mijn werk, zodat ik het eens kan afmaken.

En ik ben niet de enige. Ik heb het even nagevraagd, maar behalve de minister van Sociale Zaken zelf ken ik dus NIEMAND die een balans heeft gevonden tussen werk en privé. Weet je hoe dat komt? Omdat het een mythe is. Zoals eeuwige liefde niet bestaat, of een onderhoudsvrije auto, vrijblijvende seks en 'ontslag in goed overleg'. Het is fake news.

Want bij balans denk je aan een koorddanser die zijn evenwicht moet zien te bewaren en die als het niet lukt naar beneden lazert. Het impliceert: als je niet in balans bent, dan faal je en dan val je diep. En het kost energie om in balans te komen en te blijven en energie hád je al zo weinig. En daardoor raak je nog meer uit balans.

Balans doet ook denken aan 'de balans opmaken', 'balansen' en een 'balansdag'. Met plussen aan de rechterkant en minnen aan de andere. Zo van: als ik wat van mijn gezin afstreep, houd ik wat meer over voor mijn werk – en andersom.

Ik zeg dan ook: we stoppen met die balans en we gaan leven. We helpen elkaar, we kijken naar elkaar om, we zeggen vaker nee, we zetten vaker een koptelefoon op, we werken vaker thuis en we gaan meer buiten wandelen – ook als het regent. Het leven is zoeken en nooit vinden.

Balans is voor boekhouders.

HOE MOET HET DAN WEL?

De balans tussen werk en privé bestaat niet. Het is een mythe. Zo, dat scheelt weer een hoop stress.

DOOD AAN DE VOUWFIETS

Zelf mag ik van de rechter niet meer in de buurt komen van vouwfietsers in de treinspits, maar ik krijg in mijn kantoorjunglepraktijk nog elke dag klachten dat ze met hun ijzeren monsters op een overvol balkon gaan staan en daarbij alle schenen in de wijde omtrek tot bloedens toe opentrekken. Wat dat betreft is de vouwfiets één van de grootste mysteries uit het moderne kantoorleven. Want er is al door miljoenen scribenten sinds de jaren tachtig geprobeerd om het ding de treinspits uit te krijgen, maar dit is nog nooit gelukt.

Dat komt door de NS, die ooit in een vlaag van totale verstandsverbijstering bepaalde dat een vouwfiets GRATIS mee mag in de trein. Hoe dat gegaan is, zullen we nooit weten – ik denk na acht whisky's en een rapport met belastende info over de bewuste NS-directeur. Hoe dan ook was het gevolg dat we op de wereld nog eerder van de dinosaurus afgekomen zijn dan van de vouwfiets in de treinspits.

Het grootste probleem van de vouwfiets is dat de eigenaar dénkt dat het geen fiets is, maar een lifestyle. In zijn gedachten is hij (of zij) een soort James Bond die zijn coole gadget soepel in- en uitklapt als een stiletto, in de praktijk ziet het eruit of hij op een overvol perron een knullige tent opzet. En ook altijd vlak na het uitstappen, met die blik van 'alles is hier inklapbaar, behalve mijn ego'. Te zuinig om een OV-fiets te huren, te zuinig om een fietsje te kopen en in de stalling te zetten.

En ook gewoon op het perron fietsen natuurlijk. Want het is geen fiets, hè, dus dan mag je ermee op het perron fietsen. Dan heb je de vouwfiets in de trein kunnen ontwijken, maar krijg je hem alsnog van achteren op je hakken in de stationstunnel. *Erst kommt das Vouwfiets, und dann kommt die Moral.*

Maar de écht fundamentele denkfout van de vouwfiets is dat hij niet kleiner wordt als je hem inklapt. Als je dat ingeklapt noemt, ja, in een vliegtuighangar waarin een kudde dronken olifanten nog geen schade aan zou kunnen richten, daarin lijkt hij misschien ingeklapt. Prima plek overigens om een vouwfiets ingeklapt neer te zetten. Maar niet op een overvol treinbalkon in de spits. Het is een beetje als met de Eiffeltoren. Als je die inklapt, past hij ook nog steeds niet in de trein. Maar vouwfietsers lijken dat niet te snappen.

Toen ik nog van de rechter met vouwfietsers in de spits mocht reizen, bedacht ik allerlei maatregelen tegen ze. Een zeer krachtige magneet bij de incheckpoortjes bijvoorbeeld, of dat het volle balkon mag bepalen of ze mee mogen of niet. Of een apart vouwfietsstation, vlak na de grote intercitystations. Het leek me dat de vouwfietsers daar best even heen willen fietsen. En dan kijken of ze er nog bij passen.

Ik heb ook een tijdje inklapbare tuintafels en -stoelen mee de treinspits in genomen. En een partytent. En dan uitklappen en kijken wie de meeste ruimte inneemt op het balkon. Of dat als vouwfietsers hun fiets niet inklapten, ik de bezitters zelf inklapte en in het bagagerek legde. Dat was ook het moment dat die rechter in mijn leven kwam.

Nu word ik ervoor behandeld. Mijn therapeut zegt dat de oplossing niet ligt in de haat. Hij zegt dat ik vouwfietsers moet accepteren; dat is overigens iets anders dan respecteren. We leven in een inclusieve samenleving, zegt hij, en ook de vouwfietsers verdienen een plekje. Is helemaal waar natuurlijk.

Ik ben nog niet zover.

HOE MOET HET DAN WEL?

Wegwezen met je vouwfiets, jongens, uit de treinspits. Net als alle andere fietsen. Buiten de spits is de trein weer helemaal van jullie. O ja, en betalen. Je moet BETALEN als je een fiets meeneemt in de trein.

ALS 'CONTENT KING' IS, WIE DOET DE INHOUD DAN?

Als er één woord de laatste jaren op kantoor als een komeet omhoog is geschoten, dan is het wel het Engelse woord 'content'. Je kunt je kont niet keren of iemand zegt het.

Zelf was ik altijd heel content met het woord 'inhoud', maar dat hoor je zelden meer. In plaats daarvan word je doodgegooid met 'content'. Het staat overal op LinkedIn, op visitekaartjes en in personeelsadvertenties. Zo is er niet alleen 'marketing', maar tegenwoordig ook 'content-marketing'; is een 'professional' niet meer genoeg maar zijn er ook 'content-professionals', of erger, 'content specialists', en heet zelfs de bullshitbingo geen bullshitbingo meer, maar 'content-bullshitbingo'.

Wat opvalt aan mensen die het woord 'content' vaak gebruiken, is dat ze chronisch lijden aan verkeerd spatiegebruik en dat ze je vaak blij maken met een dooie mus. Zo zag ik laatst een vuilniswagen rijden met 'content migratie' erop en vertelde een 'content-marketeer' me vorige week dat 'visuele en dynamische content zijn passie is' – maar dat bleek in de praktijk te betekenen dat hij de hele dag filmpjes zit te kijken.

Laatst dacht ik dat we een borrel met bitterballen kregen toen ik iemand 'liquid content en snackable, bitesize content' hoorde zeggen. Maar dat bleek respectievelijk 'informatie die zich aan je persoonlijke situatie aanpast' te zijn en 'informatie die is opgedeeld in kleine stukjes'. Zelfs mijn eigen columns mag ik niet meer tikken, nee, die moet ik 'creëren' – dat heet 'contentcreatie'. 'Unieke en relevante content' zelfs, 'die de lezer in vervoering brengt', zo staat er althans op de site van NRC. Dat jullie niet denken dat ik het verzin.

Nu kan het natuurlijk aan mij liggen, maar ik vind dat we het een stuk minder over inhoud hebben sinds alles 'content' heet en dat we er een stuk meer onzin bij hebben gekregen. Laatst zei een 'multi-channel content-marketeer' dat hij het juist makkelijk vond dat er zo'n lekker kort woord is voor die hele berg content. En dat ik te veel op de inhoud zit. Maar mij lijkt het juist handig dat als er zoveel content is, je juist terug moet naar de inhoud en duidelijk moet zeggen wát al die content is.

Want álles kan dus content zijn, hè! Een tv-programma, een fragment, een mail. Maar het kan ook de informatie zijn die klanten zoeken, of de informatie die bedrijven over klanten willen hebben. Of reclame die verstopt zit in een artikel of een column, dat heet 'branded content'. Eigenlijk alles wat je in een grote laadbak over iemand zijn schutting kunt kieperen, is 'content'. Alsof een grote mammoettanker het kantoor is binnengevaren en niemand meer controleert wat erin zit.

Ik denk dat als we zo doorgaan, we straks alleen nog maar 'content' kunnen zeggen en helemaal vergeten zijn wat we doen en wie wat doet. Laatst hoorde ik zelfs dat 'content king' is. Alsof er een revolutie is geweest, we een nieuw staatshoofd hebben en ik de inhuldiging even gemist heb.

Als dat zo is, wil ik wel wat meer van die koning weten. Zeker als hij niet louter ceremonieel bezig is, maar de hele toko heeft overgenomen en hij zijn hofhouding behoorlijk heeft uitgebreid.

Ik vind inhoud sowieso veel te belangrijk om aan een koning over te laten.

HOE MOET HET DAN WEL?

Elke keer als iemand 'content' zegt zonder erbij te zeggen om welke 'content' het gaat, sterft er ergens een babypanda.

IK VIND HET WÉL ERG, AL DAT ENGELS OP KANTOOR

Wat me laatst nou weer opviel, een nieuwe trend in het gebruik van jeukwoorden, zeg maar, is dat sommige woorden op kantoor helemaal verdwenen zijn. En dan bedoel ik kloeke kantoorwoorden waar niks mis mee was. Neem een woord als 'vergadering'. Of 'overleg'. Prachtige, heldere, Hollandse woorden. Maar die hoor je echt nooit meer op kantoor.

In plaats daarvan hebben mensen 'meetings', willen ze 'even sparren', 'je in de loop houden' (spreek uit 'loep'), 'je brain picken' of met je 'levellen'. Als ze alleen jou willen spreken, heet dat trouwens een bila; als er nóg iemand bij komt, heet het geen trio maar een trila – je zou bijna vergeten dat het allemaal hetzelfde is als vroeger, namelijk: zittend vergaderen in een zaaltje of staand natuurlijk, staand vergaderen. Dat heet nu 'stand-up'. In de politiek heet een (linkse) staande vergadering overigens 'meet-up'. En daar komen ineens een stuk meer mensen op af dan op een ledendag.

Maar ook gouwe ouwe kantoorwoorden als 'klant', 'cursus', 'heidag' en 'tijdsplanning' hoor je nooit meer op kantoor. In plaats daarvan is er 'customer', 'training', 'off site' en 'window' of erger: 'roadmap'. Want dáár blijven al die Nederlandse kantoorwoorden: ze worden vervangen door Engelse woorden.

Neem *good old* personeelszaken. Daar werkt echt niemand meer. Die zitten nu allemaal bij 'human resources'. En ze zijn niet meer bezig met bijscholing en nascholing, nee, dat heet nu 'talent development'. Zelfs koffie heet nu anders – koffie drinkt echt niemand meer. Dat is een 'cafeïnebreak' geworden, die je overigens niet meer bij de koffieautomaat nuttigt, maar in de 'pantry'. En als je nóg een bakkie wilt, heet dat 'refill'. Ik heb zelfs al een saaie kantine horen langskomen die tegenwoordig 'in-company foodcourt' heet. Om het te vieren hebben ze nieuwe papieren placemats gekregen.

Het klinkt natuurlijk allemaal wel een stuk minder ellendig door al die Engelse woorden. Zo is niemand meer overspannen, maar hebben ze een 'burn-out', hoef je je bureau niet meer op te ruimen, maar is er de 'clean desk policy' en heet dat saaie bureau sowieso geen bureau meer, maar een 'workstation'.

Maar er zijn ook geen functioneringsgesprekken meer, heerlijk! Die heten 'performancedialogen'. Je hoeft je ook niet meer in te spannen, dat heet 'commitment' en je hebt geen doelen meer nodig – die noem je gewoon 'targets' en klaar ben je. O ja, en kritiek. Boeien. Dat heet 'feedback' en is dus prima om te krijgen. Sterker nog, dat is zelfs een 'cadeautje'. Jeuk.

Jammer is wél dat ook het woord 'idee' is verdwenen van kantoor. Dat heet tegenwoordig 'input' – ideeën heeft echt niemand meer op kantoor.

Een lezer schreef me dat besluiten op zijn werk tegenwoordig worden genomen 'in de steering committee', dat de 'callcenter agents worden beoordeeld op hun average handling time en net promotor score' en dat de 'customer bediend wil worden in een omni-channel environment met op zijn minst een triple play aanbod inclusief on demand content'.

En ik moest ook de 'learnings' nog even noemen, zei hij, dat is als je iets fout hebt gedaan; en de 'kick-forwards' – dat zijn vergaderingen, ik denk op het sportveld.

Kende ik 'een ask neerleggen' al? Dat is een vraag stellen. En de 'werkplek met een deur' heet tegenwoordig 'closed longstay' – tbs op je werk, zeg maar. Maar ook 'alignen' mocht ik niet vergeten, dat is afstemmen. En 'workflow' voor procedure, 'dry run' voor een test, ik denk eentje waarbij veel alcohol gedronken moet worden; 'workload' als je te weinig gedaan hebt maar dat niet gewoon durft te zeggen en 'tribelead', 'squadlead' en 'chapterlead' voor baas, vooral voor managers met Hells Angels-ambities.

Het risico van al die Engelse woorden is dat je maar zo de verkeerde indruk kunt krijgen. Zo dacht ik altijd dat 'onboarden' iets met een cocktail op de Love Boat was, maar dat blijkt 'inwerken' te zijn. 'Save the date' is niet die hit van Roberto Jacketti maar 'schrijf in je agenda', en 'chasen' is niet iemand achternazitten maar 'navragen' als in: 'Chase jij Japke-d. even hoeveel Engelse woorden we mogen gebruiken per zin?' En dan was er nog iemand die schreef dat haar nieuwe baas een 'speeddate' met haar wilde. Dat is een kennismakingsgesprek – hoopte ze. Ik heb niks meer van haar gehoord.

Ik had hier ook nog de 'operational excellence' willen noemen – dat is, denk ik, dat je een medaille krijgt op je werk. Of de 'customer intimacy' – iets met intieme spray voor je klanten, vermoed ik. Of de 'take home messages' op congressen die je in een plastic bakje kunt meenemen – maar het pást gewoon niet meer. Het is te veel.

Sommige mensen vinden het een verrijking van onze taal, al dat quasi-nep-Engels op kantoor. En het verwijst naar de 'managementliteratuur', die ook in het Engels is, zo zeggen ze. Maar ik vind het wél erg. Want ik vind het geen verrijking, maar een verdringing van de taal. En ik citeer liever uit échte literatuur dan uit vage studies die 'bewijzen' dat 'scrummen', 'agile werken' en andere nieuwlichterij betere resultaten geeft dan gewoon een kletspraatje op je werk.

Maar ik vind het vooral opvallend dat in een tijd waarin men de mond vol heeft van de 'Nederlandse identiteit' die zo onder druk zou staan, iedereen wel de hele dag op kantoor Engels loopt te tetteren.

Of geldt die identiteit alleen voor ons land en niet voor de hardwerkende Nederlander?

HOE MOET HET DAN WEL?

Engels op kantoor waar dat niet nodig is, is armoede. Het Nederlands is goed genoeg voor je werk.

SNAP JIJ NOG WAT ZE ZEGGEN OP KANTOOR?

Had ik het net nog over Engelse woorden die kloeke Nederlandse kantoorwoorden verdringen, er wordt ook veel Nederlands koeterwaals gesproken op kantoor. Soms denk ik wel eens dat de Dikke Van Dale anders moet, of dat er in elk geval een speciale kantooreditie zou moeten komen. Want ik snap het vaak niet meer wat mijn collega's allemaal zeggen.

Zo is afspreken 'inschieten' geworden, als in 'die meeting moeten we nog even inschieten'. De eerste keer dat ik iemand het hoorde zeggen, heb ik gelijk een kogelwerend vest en een veiligheidsbril op internet besteld, maar het bleek nog steeds dezelfde saaie vergadering als altijd.

'Problemen' zijn ook verdwenen. Dat zijn 'uitdagingen' geworden. Vind ik ook lastig. Want wie voelt er zich nou verantwoordelijk voor een uitdaging? Het klinkt heel spannend, maar zo'n uitdaging kun je ook best een dagje overslaan.

Maar ook 'plan van aanpak' is weg. Dat is nu 'aanvliegroute'. Ik denk dat er daardoor veel minder wordt aangepakt dan vroeger. Omdat mensen al duizelig zijn voordat ze eraan begonnen zijn. Of neem 'praten' of 'iets laten weten' – dat zegt niemand meer op kantoor. Dat is 'wisselen' geworden. Alsof je geheel vrijblijvend van standpunt ruilt en dat vervolgens in de prullenbak mietert.

'Uitleg' is ook verdwenen. Dat is nu 'iemand meenemen in' of 'vertalen'. Alsof wat we doen op kantoor zo exotisch is dat er bussen gehuurd moeten worden en er paspoorten en tolken aan te pas moeten komen om iedereen 'mee te krijgen'.

Maar er zijn ook geen 'gesprekken' meer op kantoor. Dat zijn 'reflectiesessies' en 'dialogen' geworden. Dan lijkt het of iedereen evenveel inbreng heeft, terwijl het in de praktijk nog steeds monologen zijn. Of ze noemen het 'communicatie', ook zo lekker vaag, als in: 'Dat is ergens in de communicatie misgegaan.' Alsof het fout ging doordat de stroom is uitgevallen en niet omdat de lul van sales vergeten was iedereen te mailen.

Maar ook een woord als 'leuk' hoor ik op kantoor zelden meer. Dat is 'inspirerend' geworden of, hevige jeuk: 'passievol'. Op dezelfde manier is verandering 'transitie' geworden, zijn adviseurs gepromoveerd tot 'strateeg', heet toepassen tegenwoordig 'implementeren', bezuinigen 'optimaliseren', aanpassen 'kantelen', heeft niemand meer een mening maar heet dat 'in mijn beleving' en zeggen we niet meer dat iets 'nog niet af is', maar dat we er nog 'een slag overheen moeten maken'. O ja en iets doen waarvoor je betaald wordt, heet tegenwoordig 'eigenaarschap tonen'.

Ik snap het wel, hoor. Vooral mensen die saai werk hebben, kun je het niet kwalijk nemen dat ze het wat gewichtiger willen zeggen. Zo kwam ik laatst een gemeente tegen die de 'verblijfskwaliteit van de weg naar een hoger niveau wilde brengen'. Ze bleken te bedoelen dat ze opnieuw gingen bestraten.

Maar de vraag is natuurlijk wel waar het stopt, of er straks nog genoeg overdrijfwoorden zijn, of we niet met de mond vol tanden komen te staan, of iedereen het nog snapt en of er niet te veel mensen in hun gezicht uitgelachen worden. Want langs die weg met die betere verblijfskwaliteit zaten ineens allemaal mensen met thermosflessen op tuinstoelen in de berm om van dat hogere niveau verblijfskwaliteit te gaan genieten, en in bedrijven waar nog veel slagen over dingen heen gemaakt moeten worden, komt iedereen in zwembroek naar kantoor, qua schoolslag.

Zullen we het anders gewoon weer bij de Dikke Van Dale houden?

HOE MOET HET DAN WEL?

Praat eens normaal Nederlands, jongens. Iedereen ergert zich dood aan die jeukwoorden.

DE HARDWERKENDE NEDERLANDER

Politici hebben het vaak over 'de hardwerkende Nederlander'. Je kunt geen debat aanzetten of hij komt voorbij. Je zou denken dat hardwerkende Nederlanders geen tijd hebben om al die debatten te volgen, maar toch worden ze daar vaak genoemd.

De hardwerkende Nederlander wordt gebruikt als metafoor voor de Nederlander die het meest in zijn portemonnee wordt gepakt terwijl langharig werkschuw tuig de hele dag in hun nest kan blijven liggen (ik zeg het nu even in mijn eigen woorden); als metafoor voor de Nederlander die zijn 'koopkrachtplaatje' steeds weer ziet vervagen en als de kurk waarop onze samenleving drijft. Als je de politici mag geloven, is het blijkbaar weer tijd om ons de pleuris te werken.

Ik voel me zelf nooit zo aangesproken als het over de

hardwerkende Nederlander gaat. Ik ken ook eigenlijk niet zoveel hardwerkende Nederlanders. Ze zitten in elk geval niet op de overvolle terrassen waar ik overdag vaak langsloop als ik avonddienst heb.

Ja, een paar hardwerkende mensen, die ken ik. Die kom ik wel eens tegen als ze staan te stofzuigen en de wc's schoonmaken. Die doen niet aan Facebook of Twitter, ze volgen de politiek niet zo goed. Ze lezen dit soort boeken ook niet. Je kunt zelfs stellen dat iedereen die dit leest géén hardwerkende Nederlander is. Het is ook helemaal niet leuk om een hardwerkende Nederlander te zijn. Ik ben het zelf ook een tijdje geweest, maar ik deed er eigenlijk niemand een plezier mee.

Ik zou sowieso wel willen weten wie bepaalt of je een hardwerkende Nederlander bent, kun je dat ergens vragen? Of hebben die politici soms een immens functioneringsgesprek door Maurice de Hond laten uitvoeren? En hoeláng werken die hardwerkende Nederlanders dan eigenlijk? Is het een momentopname, of werken ze hun hele leven heel hard?

Ik vind het onverstandig dat de politici dat er niet allemaal bij zeggen als ze het hebben over de hardwerkende Nederlander. Sterker nog, in hun woorden klinkt juist een beetje door dat het te príjzen valt als je een hardwerkende Nederlander bent. Terwijl ik weet dat het helemaal niet zo verstandig is om hard te werken. Ja, een paar weken of zo. Als iets af moet. Maar op de lange termijn heb je er alleen maar jezelf mee. Je hebt van die politici die hardwerkende Nederlanders zelfs 'de ruggengraat van de samenleving' noemen. Dan denk ik: het zijn juist de hardwerkende Nederlanders die elk moment kunnen instorten. Richt je liever op de zachtwerkende Nederlander, die blijft het langst overeind. En daar zijn er ook veel meer van. Hoop ik.

En dan kan hard werken ook nog met inefficiëntie te maken hebben, hè. Dus dat ze enorm hard lopen te werken, maar dat er eigenlijk amper iets uit hun handen komt. Of dat ze keihard werken, maar aan het verkeerde dode paard staan te trekken. Of dat ze een rotbaas hebben die hen uitbuit.

Ik hoop dus maar dat al die 'hardwerkende Nederlanders' iemand hebben die zegt: joh, doe het maar een tijdje wat rustiger aan en laat je niet opjagen door die politici. En voor al die politici: als je de volgende keer 'hardwerkende Nederlanders' wilt bereiken, kun je er beter voor zorgen dat ze wat minder hard hóéven te werken.

HOE MOET HET DAN WEL?

Lieve politici, jullie hebben het vaak over 'de hardwerkende Nederlander'. Zorgen jullie er ook voor dat hij wat minder hard hóéft te werken?

EEN PROBLEEM OMDENKEN, HELPT DAT?

Vroeger probeerde je een probleem op je werk op te lossen – en dat lukte dan, of niet –, tegenwoordig zijn er cursussen waarin je kunt leren 'omdenken' en 'denken in oplossingen' zodat je problemen niet meer als problemen ziet, maar als 'uitdagingen' en 'bedoelingen'.

Op een site las ik dat 'zodra je alleen al dénkt in oplossingen in plaats van problemen, je al halverwege bent' en dat 'positief denken het probleem kleiner maakt'. Er zijn inmiddels al omdenkagenda's, omdenkscheurkalenders en hele volksstammen van 'friskijkers', 'omdenkers' en 'dwarskijkers'. Het zijn van die mensen die vier weken in een lekkende tent in Normandië met vier kinderen die allemaal in hun broek geplast hebben nog 'een ervaring' noemen waar ze 'sterker uit zijn gekomen'.

Op je werk betekent 'positief denken' dat je een mislukking 'een kans' noemt, je vloekende collega 'een authentieke gast' en jeukwoorden 'woorden die een uitdagende prikkeling veroorzaken'.

Laatst vroeg een omdenker me of ik liever deel was van de oplossing of van het probleem. Ik zei: liever van het probleem, want dan wordt het tenminste opgelost. Ik zei ook dat als je geen problemen benoemt, je ook geen oplossingen nodig hebt; dat homeopathie ook vaak 'oplossingen' biedt – maar dat dat ook kwakzalverij is – en dat oplossingen soms ook weer naar problemen leiden en of je niet beter eerst de put kunt dempen voor je er weer kalveren overheen laat lopen – maar dat was niet de bedoeling.

Ik vind omdenkers wegkijkers. Waarom zou je problemen mijden? Woody Allen denkt ook altijd in problemen. En Jerry Seinfeld. Of wat dacht je van Newton? Als hij een positieve denker was geweest, was hij een appeltaart gaan bakken in plaats van de zwaartekracht te ontdekken.

Een vriendin van me wil omdenkers altijd slaan. Omdat ze je de kans ontnemen om gewoon even lekker ergens over te zeiken. Wat is er ook mis met een potje nadenken over problemen? Ik krijg daar juist heel veel energie van.

Natuurlijk heb ik het wel een tijdje geprobeerd, positief denken. Maar daar ben ik snel weer mee opgehouden. Want ik deed de hele dag niks meer omdat ik dacht dat alles vanzelf wel weer goed kwam.

Het hielp ook niks. Want dan dacht ik positief over ziekte, liefdesverdriet of dat ik al jaren op de verkeerde plek op mijn werk zat, maar dan veranderde er niks. Ik wist ook nooit wanneer ik moest ophouden met denken en weer aan het werk moest gaan.

Maar ik werd bovenal heel filosofisch van al dat omdenken. En dan wist ik niet precies hoe vááák ik dingen moest omdenken. En dan dacht ik niet alleen elk probleem tot een uitdaging, maar ook weer elke uitdaging tot een probleem – en op een gegeven moment kwam ik in een perpetuum mobile van mindfucks terecht.

Maar het allergrootste probleem van omdenken is dat het niet meer is dan dat: denken. Je kunt nog zoveel positief denken, als je niet handelt, schiet je er nog niets mee op. Daarom los ik problemen liever op.

En als dat niet lukt, dan klaag ik er liever over dan mezelf voor de gek te houden.

HOE MOET HET DAN WEL?

Stop met omdenken. Duik lekker in je problemen.

DICHT BIJ JEZELF BLIJVEN OP KANTOOR, HELPT DAT?

Als er één managementadvies is waar ik van in de war raak, dan is het wel het advies om op kantoor altijd zo 'dicht mogelijk bij jezelf te blijven'. 'Authenticiteit is je hoogste goed', zo lees ik op allerlei managementblogs. En mensen die 'trouw blijven aan zichzelf' krijgen minder snel een burn-out dan mensen die dat niet zijn. Ik snap dat nooit.

Want waarom zou je altijd dicht bij jezelf willen blijven? Als we allemaal dicht bij onszelf gebleven waren, woonden we nog in grotten en hadden we berenvellen aan. Als ík altijd dicht bij mezelf was gebleven, had ik in elk geval helemaal niks bereikt en lag ik nu nog in mijn stinkende nest in een Groningse studentenkamer.

Het is dat ik niet veel anders kán dan dicht bij mezelf blijven op kantoor – want het is vet krap bij ons in de kantoortuin met al die bureaus en voor je het weet, zit je in iemand anders zijn flexvlek – maar ik ga het liefst zo veel mogelijk van mijn padje af. Ik vind het vaak saai, dicht bij mezelf. Wat ik van ver haal, is meestal beter. Neem die biologische winkels die lokaal geteelde tomaten verkopen van zo'n familiebedrijf, lekker dichtbij. Je mag het natuurlijk eigenlijk niet hardop zeggen, maar ik heb liever tomaten uit Italië.

Mijn collega's zijn in elk geval blij dat ik niet te dicht bij mezelf blijf, ik ben van mezelf namelijk een nogal chagrijnig type. Het is ook veel fijner om dicht bij een ánder te staan. En dan moet je op kantoor ook nog eens het verschil maken, uit je comfortzone komen en *out of the box* denken. Dat lukt je echt niet, hoor, als je dicht bij jezelf blijft.

Maar de belangrijkste vraag is natuurlijk: bén je wel altijd dezelfde? En weet je wel altijd wie je zelf bent? Want dat moet je natuurlijk wel weten, hè, om dicht bij jezelf te kunnen blijven. We hadden laatst een debat over de identiteit van *NRC* aan de hand van vijf prikkelende stellingen. Man, ik weet al amper wie ik zélf ben aan de hand van vijf prikkelende stellingen. Ik heb vaak juist ánderen nodig om me erop te wijzen dat ik te ver van mezelf ben afgedwaald. Er zijn ook mensen die juist mislukt zijn op hun werk omdat ze te dicht bij zichzelf bleven.

En het is ook helemaal niet bewezen, hè, dat je succesvoller wordt van jezelf blijven. Donald Trump en wijlen Steve Jobs worden vaak aangehaald als geslaagde voorbeelden van authentieke leiders. Maar die waren misschien nog wel succesvoller geweest als ze zich wat minder klootzakkerig hadden gedragen. Ik heb ook nog nooit één onderzoek gelezen dat bewijst dat authenticiteit zin heeft op je werk.

Weet je wat het is, een béétje een rol spelen hoort er natuurlijk gewoon bij op je werk. Wat dat betreft is de kantoortuin niet anders dan het veertigjarig huwelijksfeest van je ouders. Natuurlijk, élke dag, acht uur per dag een rol spelen houdt niemand vol. Maar zelfs dán is dicht bij jezelf blijven geen oplossing maar kun je beter even je bescheiden zelf opzij zetten en zeggen dat je ongelukkig bent of, in het ergste geval, een andere baan zoeken. Vaak moet je om succesvol te worden juist niet dicht bij jezelf blijven.

Maar boven jezelf uitstijgen.

HOE MOET HET DAN WEL?

Dicht bij jezelf blijven helpt alleen als je een prettig, succesvol en aardig persoon bent. Voor al die andere mensen: werk hard, wees beleefd en probeer jezelf te verbeteren.

BRAINSTORMEN WERKT NIET

Eens in de zoveel tijd pakken donkere wolken zich samen boven de kantoortuin en komt iedereen erin terecht: de brainstorm. Als je goed oplet, kun je hem zien aankomen, maar mensen die het druk hebben, worden er altijd weer door overvallen.

Brainstorms zijn van die bijeenkomsten waarvoor iedereen naar een zaaltje, een omgebouwde kerk of een industriële loods moet komen om 'de energie los te maken', 'vrij van beperkingen te associëren' en 'de beste ideeën te bedenken'. Iedereen vindt ze heel erg. Ze zijn bijna nog slechter voor je energieniveau dan reizen in de spits met vier vouwfietsen voor je schenen. Dat zuigen, dat optimisme, vreselijk. Alsof er iets uit je hoofd zou moeten komen wat er op de natuurlijke weg niet was uit gekomen.

Als je pech hebt, kom je ook nog in een 'geleide brainstorm' of een 'deep dive' terecht. Met zo'n positieve moderator. Of het is één van je collega's die een training 'creatief denken' heeft gedaan. Dan krijg je gele kaarten als je 'ja maar' zegt. Of je zit ineens met stiften, legosteentjes en een kleurplaat voor je volwassen snotkoker om terug naar je kind-zijn te gaan.

Iedereen weet dat brainstorms niet werken, er zijn wetenschappelijke studies over vol geschreven. Ja, ze zijn ideaal voor mensen die graag ergens doorheen roepen, maar verder wordt niemand er beter van. Laat mensen op kantoor liever douchen, Netflixen, whisky drinken of familiebezoek organiseren – daar komt meer uit. En zelfs áls er goede ideeën uit komen, dan wordt het lijstje vaak verwisseld met de notulen van de manager die graag wil opvallen. Of erger nog: er was altijd allang een idee. Van die ene rotcollega die altijd met je baas gaat lunchen.

Denk je dat Johan Cruijff brainstormde? Of Jezus? Als Mondriaan was gaan brainstormen, waren ze waarschijnlijk uitgekomen op Bob Rossachtig aquarelleren in de regen en had je nooit meer iets van hem gehoord. De beste ideeën bedenken we in ons eentje.

Een manager kan beter een lijstje van iedereen vragen en daarmee verdergaan. De beste ideeën zijn vaak ook te pijnlijk voor een brainstorm. Want je kunt niet tegen je baas zeggen dat hij beter kan opstappen. Of dat we beter het geld uit het bedrijf kunnen halen om er met z'n allen van op vakantie naar Sint-Maarten te gaan.

Het klopt ook niet: brainstorm. Alsof het iets met je hersens is, terwijl het bij brainstorms juist om ijdelheid en testosteron gaat. En dan dat stormen. Wie wil er nou in een storm zitten, behalve dan die mensen uit die film met die tornado's? En wat is een goede brainstorm? Eentje waar je kletsnat uit komt, of eentje waarin je je kruit hebt drooggehouden voor een keer dat er wél naar je wordt geluisterd?

Niet dat we moeten stoppen met brainstormen. Want brainstorms zijn superhandig om de leuke collega's eruit te filteren. Een brainstorm is als een ontgroening waarin je je collega's leert kennen.

En dan is er natuurlijk nog dat andere voordeel aan brainstormen en dat is het moment erna. Het moment dat het weer opklaart en iedereen met chocomel bij de verwarming gaat zitten. Dat ene moment dat er zonder storm niet geweest was, het moment dat je weer aan het werk kunt.

Het moment van de stilte na de storm.

HOE MOET HET DAN WEL?

Stop met brainstormen en ga bitterballen bakken, bestel een paar kratten bier en wat kistjes wijn en noem het een vrijdagmiddagborrel.

COACHEN MET PAARDEN, KOEIEN EN GEITEN: WERKT DAT?

Vroeger ging je met je ouders naar de kinderboerderij, tegenwoordig ga je met je collega's naar de dieren. Overal in het land kun je terecht voor 'yoga met geiten', 'coachen met paarden' en 'knuffelen met koeien'. Het doel is 'ontspanning' en 'inzicht krijgen in onszelf'. Een stukje rust en bewustwording, zeg maar.

Want door koeien te aaien 'maak je oxytocine aan en ontspan je', door paarden te leiden 'leer je je persoonlijk leiderschap verder te ontwikkelen' en door yoga te beoefenen met geiten 'leer je je verwachtingen loslaten', zo las ik op allerlei sites. Korter gezegd: met dieren sta je gelijk al met 1-0 voor.

Want dieren hè, die zijn zo puur! Vooral paarden kunnen voor 'een diepgaande leerervaring zorgen', zo las ik. 'Ze houden je een spiegel voor, ze oordelen niet en ze leven in het nu.' Heel veel mensen trouwens ook, maar daar gaat het nu niet om. Dieren lachen je pas uit als je weg bent. En zo'n koe kijkt dwars door je heen, dat klopt ook wel.

Op zich is het natuurlijk een prima idee dat ook dieren wat bijdragen aan het bruto nationaal product. Zeker paarden, want die staan écht de hele dag alleen maar wat te koekeloeren bij een bak hooi.

Maar ze als spiegel gebruiken, ik weet het niet, hoor. Ik heb thuis twee katten op de bank liggen die ook dwars door me heen kijken, daar heb ik geen boerderijdier voor nodig. En ik kan het ook heel goed zonder dieren. Geef mij een warm bad en ik vind zo de luiaard in mezelf.

Ik zie ook niet hoe je van paarden een betere leider wordt. Natuurlijk kan het hartstikke leuk zijn om eens te proberen een paard achter je aan te laten lopen. Iedereen die wel eens naar Ponypark Slagharen is geweest, weet hoe moeilijk dat is. Zeker als er die maand al veertig zwetende managers aan hebben lopen trekken.

Maar áls hij dan met je mee wil, dan betekent dat volgens mij alleen dat je goed bent met dieren, of erger nog, alleen met dít paard. Want als het ene paard je vertrouwt, wie garandeert dan dat de hele kudde uit je hand eet? Laat staan dat al je collega's dat doen.

En je moet maar net de goede paardencoach treffen die vertaalt wat het paard vindt. En erger nog: het goede paard! Er zitten vast een hoop prutsers tussen. Wat dat betreft zijn het net mensen. En zouden ze echt 'in het nu' leven? De meeste paarden die ik ken, zijn hartstikke ouderwets en hebben nog nooit gehoord van agile werken en scrummen. Daar heb je dus niks aan op de huidige werkvloer.

En waarom altijd die paarden, koeien en geiten? Waarom geen wandelende takken, naaktslakken, mollen, kippen, konijnen of ratten, die leven vast ook enorm in het nu. Het lijkt me dat een dagje met de ongediertebestrijding je ook een behoorlijke spiegel kan voorhouden. Of kinderen.

En waarom zouden we stoppen bij prooidieren? Ik zou zeggen: probeer het eens met grizzlyberen, jachtluipaarden, maar vooral leeuwen – ook handig bij een reorganisatie. Want als je érgens iets kunt leren over ontspannen leiderschap, waarom zou je dan niet aankloppen bij het hoogste adres, bij de koning?

De CEO van álle dieren.

HOE MOET HET DAN WEL?

Een paard is een dier. En zo onvoorspelbaar en grillig als wat. Als je meer over jezelf te weten wilt komen, ga dan naar de psycholoog.

IK HEB LIEVER MEER DAN MINDER MANAGERS

Ik hoor mijn hele leven al dat er op kantoor veel te veel managers zijn en dat het hoog tijd wordt deze hinderlijke leemlaag eens weg te snijden. Want managers verstikken, ze doen niks en ze lopen iedereen voor de voeten met hun ideetjes en gedoetjes.

Natuurlijk. Als er geen managers waren, hoefden we nooit meer te brainstormen, konden we gewoon weer zittend vergaderen, hadden we geen functioneringsgesprekken, hoefden we geen targets te halen, konden we lekker thuiswerken en kwamen we überhaupt weer eens aan werken toe.

Maar helemaal geen managers meer? Man. Ik vind managers juist een zegen. Ze betalen veel belasting, waarvan allemaal mooie dingen in de samenleving betaald worden, je kunt ze overal de schuld van geven, je kunt lekker tegen ze aan klagen en je kunt ze uitlachen.

Er zijn wel onderzoeken die zeggen dat landen met meer managers minder innovatief en productief zijn, maar dat zijn ook maar meningen. We hebben bij *NRC* wel eens geprobeerd om zonder managers te werken, maar dat werd een enorm fiasco. Want we waren elke dag al om halféén klaar, iedereen kon zich op zijn werk concentreren en niemand had ruzie. Dus dat hebben we snel teruggedraaid.

Ik vind het met managers ook spannender. Tegen een gewone collega zeg je: 'Ik zie je dan en dan,' en klaar. Maar spreek je met een manager iets af, dan moet je een tijdstip 'blokkeren', krijg je van die mailtjes die geluidjes maken en kan het op het laatste moment ook weer afgezegd worden. Dat geeft je werkdag net dat stukje cachet.

En je kunt dus heel veel managers aannemen! Voor vrouwen geldt een glazen plafond, niet voor managers. Dus als je meer vrouwen in je bedrijf wilt, noem ze dan manager en ze komen zonder problemen door het quotum.

Het beste idee is alle managers 'senior managers' te maken. Dan kun je er 'junior managers' bij aannemen. Of je vertaalt alle managers in het Engels, dan kun je de Nederlandse kwaliteits-, afdelings-, leveranciers- en relatiemanagers gewoon houden en neem je er quality-, team-, supply chain- en accountmanagers bij aan.

'Manager' is ook de ideale titel voor de mens die niet

precies weet wat hij doet, waar hij heen gaat en waar hij uiteindelijk moet uitkomen. Het ideale beroep voor de millennial. En je houdt altijd werk als manager! Een vuilnisman is klaar als alle zakken zijn opgehaald, maar de kwaliteit kan altijd beter (kwaliteitsmanager), er moet altijd wel iets gerealiseerd worden (realisatiemanager), iets gepresteerd (performancemanager), er zijn altijd wel ergens mensen in een bedrijf (people-manager) of een cluster waar naar gekeken moet worden (clustermanager).

En ze zijn creatief, die managers! Ze bedenken niet alleen steeds nieuwe dingen (scrummen, agile, lean, smart), ze bedenken ook steeds weer nieuwe managers (happiness-managers, champagnemanagers en verwachtingsmanagers). Zo blijft je bedrijf altijd in beweging.

Ik wil dus niet minder, maar juist méér managers. Wat zeg ik: we worden allemaal manager. Want als iedereen manager is, begrijpen we elkaar, verdienen we meer, kunnen we alles delegeren en zijn er geen oorlogen meer, maar louter nog vergaderingen. O wacht. Dan doet dus niemand het werk meer. Maar dat komt wel. Met zo'n enorme batterij aan managers is daar zo weer een oplossing voor.

HOE MOET HET DAN WEL?

Hou eens op met klagen over je manager en werk om hem of haar heen. Dat doet iedereen die iets wil bereiken op kantoor.

WERK JIJ WEL VOLDOENDE AAN JE PERSOONLIJKE GROEI?

Als ik de managementgoeroes moet geloven, zijn we allemaal veel te klein en wordt het hoog tijd dat we groeien. Dat is tenminste wat ik vaak lees op inspiratieblogs, wat ik hoor van jobcoaches en wat ik zie op de sites van organisatieadviesbureaus: dat je moet 'blijven investeren in je persoonlijke groei', dat je 'stagneert' als je dat niet doet, dat 'stilstand achteruitgang is' en dat we ons hele leven zouden moeten werken aan ons 'persoonlijke groeiplan'. Alsof we een plant zijn of zo.

Wat mij altijd opvalt aan mensen die het vaak over persoonlijke groei hebben, is dat ze heel andere criteria hebben voor persoonlijke groei dan ik. Zij vinden dat ik persoonlijk groei als ik naar seminars voor persoonlijke groei ga, of als ik cursussen doe met kleuren, yoga, familieopstellingen en rollenspellen. Terwijl ik dan juist vind dat ik een dag heb lopen verspillen en dat op het eind ervan alleen de portemonnee van de trainers is gegroeid.

Ik heb het niet zo op groei en al helemaal niet op persoonlijke groei. Jullie als kleine opdondertjes weten dat niet, maar met mijn 1,84 meter kan ik jullie vertellen dat persoonlijke groei een enorm pijnlijk proces is. Ik ben ooit in twee jaar tijd veertien centimeter gegroeid en ik werd elke nacht gillend wakker van de pijn. Bij persoonlijke groei denk ik ook meteen aan een vleesboom of aan wild vlees. Googel daar maar eens een plaatje van, dat wil je echt niet.

Maar ik snáp dat gehamer op groei ook nooit zo. Als je het goede wilt bewaren, moet je juist niét groeien. Kijk naar onze planeet, wat heeft al die economische groei ons gebracht – dat je spullen verouderen en je steeds iets nieuws moet kopen. Bossen die gekapt worden, broeikasgassen die de atmosfeer in worden gepompt. Afvalbergen tot aan de hemel. Niet alle groei is vooruitgang, mensen.

Ja, ego's. Die zie ik vaak groeien als mensen het over persoonlijke groei hebben. Mensen gaan vaak ook meer praten als ze vinden dat ze persoonlijk gegroeid zijn. Ik vind dat zelden een verbetering. Duurzame groei bestaat natuurlijk al helemaal niet. Net zoals jouw persoonlijke groei ten koste gaat van je collega's, gaat duurzame groei net zo hard ten koste van iets anders. 'Ik sta even stil en dat is een hele vooruitgang,' zei Bertolt Brecht al. Hadden ze dat in zijn tijd maar wat meer gedaan.

Wat is er mis met stagneren? Het bevalt mij prima. Stagnatie is zelfs hip. We zijn allemaal dol op winkeltjes waar in vijftig jaar niks is veranderd. We luisteren weer naar grammofoonplaten, laten onze baarden weer groeien alsof we nog neanderthalers zijn en zelf heb ik bijvoorbeeld een oldtimer.

Volgens mij wordt het ook een zootje als iedereen maar een beetje persoonlijk gaat zitten groeien op kantoor. Je komt door groei ook snel tegen glazen plafonds aan te zitten, ga maar eens in de tuinbouw kijken. Maar bovenal: waar stopt het? En wie zegt dat er genoeg is gegroeid en hoe bepalen ze dat?

Ik zou daarom zeggen: we stoppen een tijdje met al dat gegroei en gaan eens wat meer bewegen en afslanken. Want naast stilstand vind ik ook beweging erg fijn.

Zonder beweging groeit alles vast.

HOE MOET HET DAN WEL?

Persoonlijke groei? Ga liever sporten. Dat is veel beter voor je lichaam dan groeien.

TRANSPARANTIE IS HET NIEUWE LIEGEN

Waar ik altijd heel nerveus van word, zijn van die mensen die op kantoor alles 'transparant' willen hebben. Transparante besluitvorming, transparante doelstellingen, ja zelfs hele transparante bedrijfstakken komen er voorbij.

Mensen eisen het ook vaak, transparantie. 'Meer inspraak, openheid en transparantie' bijvoorbeeld. De politiek zou ook 'eerlijker en transparanter' moeten zijn, hoor je voortdurend. Ik kwam laatst een uitnodiging voor een congres tegen met de titel 'Transparantie is de sleutel tot succes'. Ik stelde me voor dat alle deelnemers aan het einde hun sleutels én elkaar niet meer konden vinden, omdat ze transparant waren geworden. Want dat is wat transparant betekent, hè: doorzichtig. Je kijkt er dwars doorheen.

Mensen zeggen het ook vaak tegen mij: 'Jij bent altijd zo lekker transparant.' Dan bedoelen ze: makkelijk te doorzien. Daar hebben ze overigens groot gelijk in. Ik bedoel: transparantie is helemaal geen voordeel. De meeste mensen doen er een moord voor om niet transparant te zijn.

Als ik 'transparant' hoor, denk ik ook altijd meteen aan een naaktstrand. Want als alles transparant is, dan zijn er geen belemmeringen meer om de dingen te zien zoals ze zijn. Moet je alleen wel een bepaald type voor zijn. Als ik lezingen geef, vraag ik aan de mensen die pro transparantie zijn of ze zich even willen uitkleden. Is één keer fout gegaan. De rest snapt het altijd meteen: iedereen heeft recht op geheimen. Het is het geheim van de beste huwelijken. De hele geschiedenis zit vol met mystiek en geheimen. Transparantie is de bijl aan de wortel van de joods-christelijke cultuur.

Bij *NRC* zitten we ook in een transparant gebouw. Nou, je kunt niet eens meer even per ongeluk in je neus peuteren. Iedereen heeft een zekere privésfeer nodig om tot ontplooiing te komen. Transparantie is hooguit een zaklamp: in de lichtstraal is alles transparant. Maar daarna krioelt het kwaad doodleuk weg en gaat het ergens anders niet-transparant zitten zijn. Transparantie is het nieuwe liegen. Het gaat er niet om wat mensen je wíllen laten zien, het gaat erom wat je niet ziet.

Sterker nog, ik las in een stuk van *De Correspondent* – en dan weet je het wel – dat transparantie de boel zelfs kan verslechteren. Zo had de 'transparante beloningsstructuur' bij de banken er bijvoorbeeld toe geleid dat de topmanagers nu precies van elkaar wisten wat ze verdienden en gingen ze het gebruiken als onderhandelingsmateriaal.

Transparantie is sowieso een jeukwoordenmagneet. Ik las laatst dat 'zolang lijnorganisaties niet poreuzer zijn, over hun eigen schaduw heen stappen en transparanter met elkaar samenwerken om een breed maatschappelijk doel aan te pakken, er programma's als deze nodig blijven'. Een beter voorbeeld is er niet. Als het woord 'transparant' in een zin staat, kan het probleemloos weg.

Ja, dit hoofdstuk dus ook, heel goed, jullie leren het al. Sterker nog: alle transparantie kan weg. Proberen eerlijker te zijn en duidelijker, dát helpt. En je best doen elkaar te helpen. Maar transparantie kun je tot je ramen beperken. Als het je tenminste lukt om die streeploos te krijgen.

Iets wat transparant is, wordt vaak snel weer vuil.

HOE MOET HET DAN WEL?

Van transparantie is nog nooit iemand beter geworden. Van eerlijkheid, bescheidenheid en respect wel.

STORYTELLING

Vroeger probeerde een bedrijf het beste product te maken tegen de beste prijs, tegenwoordig ben je dan hopeloos ouderwets. Want 'de toekomst van succesvolle merken ligt in handen van storytellers', zo las ik laatst op een managementblog.

Als ik het allemaal goed begrijp, kan de hele afdeling sales met pensioen en hoef je alleen nog maar een paar kletsmajoors in dienst te nemen die 'het verhaal van het merk' aan de klant vertellen. Er zijn op LinkedIn inmiddels meer storytellers dan scrum masters en er is zelfs een hoogleraar 'narratieve communicatie' benoemd aan de Radboud Universiteit. Als je mazzel hebt, kun je zelfs 'storyteers' in het wild tegenkomen. Dat zijn musketiers met een grote sabel op de heup en verhaaltjes in hun zadeltas, denk ik.

Als je het niet gelooft, moet je maar eens in je eigen bedrijf gaan luisteren. Ik doe dat zelf ook. Als kleuter ging ik al heel graag naar het voorleesuur in de bibliotheek, nu ga ik tijdens de lunch geregeld even met mijn bammetjes bij marketing zitten. Ik kom er met dezelfde rode wangen vandaan als vroeger. Want het zijn mooie verhalen, hoor.

Laatst hoorde ik een chocolademerk storytellen waar hun chocola vandaan komt. Niet dat de chocola er beter door smaakte, maar man man man, wat een reis maken die cacaobonen, joh. Ik hoorde ook het persoonlijke verhaal achter de garnalenpellers die achttien uur per dag in gezellige sweatshops in Thailand mijn garnalen pellen. En dat van de kinderen die met bloedende vingers gaten scheuren in mijn hippe spijkerbroek. Of wacht, die laatste verhalen natuurlijk niet. Want het moet wel gezellig blijven bij storytelling. Het zijn altijd successtory's. Ik ken wel 'merken' die het met 'het eerlijke verhaal' hebben geprobeerd – ik denk nu aan een PvdA – maar horrorstory's, dat is geen storytelling.

Er is ook sneue storytelling. Dat zijn de bedrijven die geen verhaal hebben, maar dat wel van hun storytellers moeten vertellen. Dan denk je halverwege: geef me dat desembrood nou maar, ik hoef er echt geen verhaal over liefde en passie bij.

Of neem sollicitanten. Uren ben ik tegenwoordig kwijt aan jonge mensen die geen reet te vertellen hebben maar dat wel als opdracht van hun coaches hebben meegekregen. Daar krijg je volgens mij ook mensen van die hun cv bij elkaar gaan lopen verzinnen – omdat ze een story móéten hebben. En er zijn maar weinig mensen die het écht kunnen, hè, verhalen vertellen. Net zoals je op kantoor elke dag weer naar dezelfde uitgekauwde anekdotes moet luisteren, zo denk ik bij bedrijven ook vaak: dit verhaal zorgt helemaal niet voor 'verbinding en draagvlak', door dit verhaal ben ik juist afgehaakt. Of neem juist het omgekeerde. Ik noem een George Clooney. Geweldige storyteller. Maar voor je het weet, zit je de rest van je leven koffie uit van die hysterisch kleine kopjes te drinken.

Maar het grootste probleem met storytelling is dat het allemaal zo lang duurt. Ik denk dat iedereen wel eens zo'n date heeft meegemaakt met een man die het de hele tijd over zichzelf had. Het Fidel Castro-effect, zeg maar. Dat heb ik ook met veel merken. Dan denk ik: doe een slogan in plaats van een hele roman.

Natuurlijk weet ik dat een goed verhaal op het juiste moment een oplossing kan zijn. Waar ik echter een beetje bang voor ben bij storytelling, is dat we steeds op dezelfde verhaaltjes uitkomen. En dat we er écht niet langer en gelukkiger van gaan leven.

HOE MOET HET DAN WEL?

Hou eens op met die storytelling en vertel alleen een verhaal als het nodig is en de luisteraar er zin in heeft.

HOE GROOT IS JOUW DRAAGVLAK OP KANTOOR?

Als je de managementliteratuur mag geloven, is het op kantoor één grote San Andreasbreuklijn waar raakvlakken, draagvlakken, snijvlakken, breukvlakken en zitvlakken elk moment over elkaar heen kunnen schuiven.

Vooral de snijvlakken op kantoor zijn vlakken om voor op te passen. Zo heb je bijvoorbeeld bedrijven die iets doen 'op het snijvlak van innovatie en duurzaamheid' en heb je 'professionals die werken op het snijvlak van coaching en ontwikkeling'. Het lijkt mij allemaal niet zonder risico, zo'n snijvlak, maar toch zie ik er duizenden kantoortijgers elke dag goedmoedig naartoe vertrekken.

De meeste snijvlakken zijn er in de communicatie. 'Het snijvlak van communicatie en techniek' bijvoorbeeld, of 'het snijvlak van communiceren en veranderen'. Ik las ook ergens dat 'de vraag naar functies op het snijvlak van IT en communicatie sterk groeit'. Dat vind ik mooi. Dat er op een snijvlak werkgelegenheid kan groeien. Een beetje zoals ook een boom groeit als je hem snoeit, denk ik.

Toch heb ik nog veel vragen over snijvlakken. Zo zou ik wel eens willen weten hoe ze ontstaan. In mijn eigen snijplank komen ze doordat ik steeds op dezelfde plek snijd. Misschien is dat ook op kantoor zo. Dat iedereen daar op elkaar zit in te hakken. Maar waarom juist dáár? En waarom moet er gesneden worden? Kan het niet met opschudden, wrijven of smeren – ik noem maar wat, hoor.

Ja, in de wiskunde. Daar is een snijvlak de plek waar een vlak een lichaam doorsnijdt. Een snijvlak van drie of meer elementen wordt dan een lijn, of een stipje. Maar op kantoor? Ik bedoel: hoe vind je ze? En hoe kom je eróp? Wacht je dan rustig af tot je lichaam doorsneden wordt, of ga je zelf op pad om te snijden?

Ik denk dat ik zelf wel eens op het snijvlak van verveling en uitputting heb zitten opereren. Daar is het overigens wel heel rustig. Maar ik zou wel eens naar een spannend snijvlak willen. Dat lees ik tenminste vaak op LinkedIn, dat mensen het spannend vinden om op een snijvlak te werken. Laatst zei iemand tegen me: 'Jij creëert content op het snijvlak van communicatie, journalistiek, management en een stukje zingeving.' Maar toen ik terugkeek, had ik geen flauw idee hoe ik daar ooit terechtgekomen was.

Draagvlak vind ik nog lastiger. Ik ben ook minder

goed in natuurkunde dan in wiskunde, dus draagvlak berekenen – pin me er niet op vast. Je zou willen dat er eens iemand langskwam met verstand van zaken om het benodigde draagvlak te berekenen, zes vierkante meter draagvlak, ik noem maar wat, met zo'n waterpas.

Ik zou het in elk geval niet aan managers overlaten. Die hebben nooit een vak geleerd. Logisch dat je ze altijd hoort klagen dat ze keihard moeten werken om draagvlak te 'creëren'. Laatst zat er één in een stiltecoupé te tetteren dat hij 'om van alle stakeholders draagvlak te krijgen' al 'vanaf het begin van een transitie iedereen moest laten participeren voor een succesvol verandertraject'. Ik dacht: joh, als je iedereen tien procent meer betaalt, komt dat draagvlak vanzelf.

Ik denk sowieso vaak: wat koop je op kantoor voor al die snijvlakken, raakvlakken en draagvlakken? Ik zou veel liever op een plek werken zonder. Op een maagdelijk stukje kantoor waar nog niemand met messen op een snijvlak heeft lopen snijden, waar nog niemand met zijn zitvlak op een draagvlak zit en waar geen lichaam vlak aan me raakt.

Zo'n plekkie waar je ongestoord je werk kunt afmaken.

HOE MOET HET DAN WEL?

Snijvlakken, draagvlakken en raakvlakken: wordt het niet tijd ook eens iets te verzinnen voor de alfa's?

BELEEF JIJ WEL GENOEG OP KANTOOR?

Vroeger ging je naar je werk en dan beleefde je soms wat, tegenwoordig moet alles een 'beleving' zijn. Zo kreeg ik laatst een enquête in mijn mail over mijn 'werkbeleving', informeerde de kantine vorige week naar mijn 'lunchbeleving' en vroeg de monteur van de airconditioning vandaag naar de 'beleving van mijn werkomgeving'.

Maar ook mijn columns zijn een belevenis geworden. De afdeling sales riep me laatst apart om uit te leggen dat we geen krant meer maken, maar een 'nieuwsbeleving' en dat ik mijn 'content' meer moest 'alignen met de merkbeleving'.

Ik hoor dat ook steeds vaker van mijn vrienden. Dat ze er harder aan moeten trekken voor de 'klantbeleving'. Eentje is docent en moet van zijn manager 'sturen op een unieke kennisbeleving', een beleidsambtenaar bij het waterschap moet 'meer inzetten op een ideale waterbeleving' en mijn kapper heeft ineens 'haarbeleving' op zijn gevel gezet. Alsof mijn haar moet inchecken in een pretpark en het nog maar de vraag is of het ooit weer droog op mijn hoofd terugkomt.

Ik hoor ook wel eens over een 'totaalbeleving'. Ik durf nooit te vragen wat dat is, want dan ben ik bang dat mijn kleren uit moeten. Is het trouwens raar dat ik bij totaalbeleving altijd aan de Tweede Wereldoorlog moet denken? Dat was nog eens een totaalbeleving.

Ik heb het niet zo op beleving. Ik lig liever in een hangmat, dan beleef je helemaal niks. En als ik wat wil beleven, ga ik naar de Efteling, of zet ik de raampjes open in de wasstraat.

Ik hoef ook geen klantbeleving. Ik hoef geen verhaal en een klantenkaart als ik alleen maar even een kurkentrekker wil kopen. Ik denk dat meer mensen dat hebben. Waarom denk je dat die webwinkels zo populair zijn geworden? Ik denk omdat er geen belevenis aan is.

Ja, heel lang geleden. Toen hadden ze échte beleving op het werk. Ik denk nu even aan *The Wolf of Wall Street*, aan *Mad Men* en aan Hugh Hefner – over totaalbeleving gesproken. Maar tegenwoordig is alle sjeu op kantoor geëlimineerd met onpersoonlijke flexplekken, vergadergroente – die hoorde ik gisteren nog – en *empty desk policies*. En dan zouden we voor de klant een stukje beleving moeten creëren? Ik dacht het niet. Je kunt niet eerst synergie, efficiency en ethische codes invoeren en vervolgens verwachten dat je personeel nog zin heeft om er voor iemand een belevenis van te maken.

Wat natuurlijk wél kan, is dat we de echte beleving weer terugbrengen op kantoor. Maar dan ook de echte. Dus discoballen, VR-brillen, knuffelruimtes, tussen de middag met z'n allen een schuimparty en in de kantine een *mister wet T-shirt*-verkiezing. En dan gaan we allemáál naar de klant. Dan huren we een roze verlengde limo en nemen we iedereen mee naar Schiphol voor een verrassingsticket! En dan op Ibiza contracten sluiten met grote ganzenveren en magnumflessen champagne. De compliance officer laten we afdrijven op een luchtbed.

Ik bedoel: als je als werkgever beleving wilt van je mensen, dan moet je ook *all the way* gaan. Een oog voor een oog.

Een beleving voor een beleving.

HOE MOET HET DAN WEL?

Een dag geen beleving op kantoor is ook wel eens lekker.

HAAL JIJ OP KANTOOR HET BESTE UIT JEZELF?

Soms krijg ik wel eens de indruk dat mijn lichaam een soort goudmijn vol kostbaarheden is die er allemaal zo snel mogelijk uit moeten worden gehaald. Ik lees tenminste vaak dat ik 'het beste uit mezelf moet halen', en er zijn allemaal managementblogs met tips hoe je dat het best kunt doen. Ik word daar altijd heel nerveus van.

Want we weten natuurlijk allemaal hoe het afgelopen is met Oost-Groningen en ik noem hier ook een Nigeria. Daar zijn ze ook jaren bezig geweest om het beste eruit te halen. Maar ik krijg de indruk dat alleen de multinationals daar beter van geworden zijn.

Zo is het natuurlijk ook op kantoor met 'het beste uit jezelf halen': zelf heb je er weinig aan. Vooral de mensen die je heel graag willen hélpen met het beste uit jezelf halen vertrouw ik voor geen meter. Als ik het een managementcoach hoor zeggen, denk ik altijd meteen dat ik een paar uur later zwetend wakker word en dan allebei mijn nieren mis.

Want ja, als het beste uit jezelf is, dan ben je het kwijt, hè. Er is hooguit nog iets over, iets wat je er nog niet uit hebt gehaald. Maar op een gegeven moment is het op en komt het nooit meer terug. Het is ook best pijnlijk, het beste uit jezelf halen. Ik heb het zelf wel eens gedaan met iets wat negen maanden in me gegroeid was. Dat was geen pretje, kan ik jullie vertellen.

Op zich is er natuurlijk niks mis met bedénken wat het beste is dat je in jezelf hebt. Bij mij is dat mijn liefde voor rare mensen en mijn vergevingsgezindheid, waardoor ik het uren naast een hummende collega vol kan houden zonder te ontploffen.

Maar juist die dingen hou ik liever ín me dan ze eruit te halen. Want anders blijft alleen mijn sarcasme over, mijn onvolwassenheid en mijn slappe lach die altijd opborrelt als ik een scrum master zie stand-uppen.

Sterker nog, ik denk dat je beter het sléchtste uit jezelf kunt halen dan het beste, want dan hou je alleen het goede over. Ik dacht ook nog: wat als het beste dat je in je hebt heel slecht is? En als je alleen maar het beste uit jezelf haalt, blijf je dan niet in hetzelfde kunstje hangen en vernieuw je dan wel genoeg? Maar daar hoor je de managementcoaches nooit over.

Ik weet ook niet wíé ik het beste zou moeten geven op mijn werk. Hoeveel krijgt de klant, hoeveel krijgen mijn collega's en hoeveel krijgt mijn baas? Dat lijkt me nog best lastig te bepalen. Voor je het weet heeft iedereen er weer ruzie over. En is er dan nog wel iets over voor thuis, als je op kantoor het beste uit jezelf hebt gehaald? Of ben je dan helemaal leeg als de kinderen willen dat je voorleest, als je nog een potje moet squashen of überhaupt voor het weekend?

Wat natuurlijk wél kan, is het beste erín stoppen. Verse mango's, avocadosalade en dubbele espresso's met slagroom, ik noem maar wat. Dat komt er ook vanzelf weer uit. Maar het beste ín jezelf? Dat zou ik lekker laten zitten. En het slechtste ook trouwens, het hele pakket. Het is wat jou jou maakt. En daarvan kun je nooit genoeg hebben.

En houden.

HOE MOET HET DAN WEL?

Het beste in jezelf? Lekker laten zitten en er zeker niet uit halen.

WAT DEZE WERELD NODIG HEEFT, IS EEN OMGEVINGSMANAGER

Laatst hoorde ik voor het eerst over de 'omgevingsmanager'. Het was een man die in Giethoorn is aangesteld. Het is daar in de zomer zó druk in de grachten, dat je er over de hoofden kunt lopen. De omgevingsmanager moet het allemaal in rustiger vaarwater zien te krijgen zodat de Gieterse burger weer verder kan met zijn leven.

Ik dacht meteen: ze hebben daar toch ook een burgemeester en afdelingen toerisme en taskforces verkeer en politie en brandweer en coördinatoren buitenruimte, thematrekkers, clustercoördinatoren en stuurgroepen die zich hiermee bezighouden? Maar blijkbaar hebben die de afgelopen jaren zitten slapen en moet de omgevingsmanager er nu aan te pas komen.

Het is 'een enorm spanningsveld' waarin hij terechtgekomen was, zo vertelde hij op de radio, 'het spanningsveld tussen leefbaarheid en economische groei'. Had ik zelf nooit iets van gemerkt toen ik in Giethoorn was, maar ik geloofde het meteen. Want zijn stem trilde een beetje van al die spanning van het spanningsveld. Maar nu komt alles dus goed.

Op vrijwel hetzelfde moment hoorde ik over een andere functie waar ik nog nooit van had gehoord, namelijk de 'cultuurbewaker'. Wist ik niet, maar Dennis Bergkamp schijnt dat dus te zijn bij Ajax. Hij bewaakt daar de cultuur. Ik stel me dan zo voor dat hij er in een slaapzak naast ligt, naast die cultuur. Of misschien zit hij er op een stoeltje bovenop, zoals suppoosten in een museum.

Wat zou de cultuurbewaker de hele dag doen? Ook in een spanningsveld werken? Of op een snijvlak? Dat is natuurlijk weer iets anders dan een spanningsveld, anders zouden ze het wel spanningsveld noemen.

Ik dacht wel: hébben ze cultuur bij een voetbalclub? En al helemaal bij Ajax? Zijn ze dan niet in de war met Feyenoord? En wat is er zo waardevol aan dat die cultuur bewaakt moet worden? Zouden ze er ook een omgevingsmanager hebben? Ik stel me zo voor dat die het gras maait. En dan moet Dennis Bergkamp even zijn voeten omhoog houden als het gras voor zijn voeten wordt weggemaaid.

Ajax zou in elk geval wel een 'omgevingsmanager' kunnen gebruiken. Theresa May en Donald Trump denk ik ook wel trouwens. Ik zou zelf ook wel een omgevingsmanager willen. Iemand die mijn omgeving een beetje in goede banen leidt. Die mijn boodschappen doet, de tuin snoeit, tegen mijn baas zegt dat hij een beetje moet dimmen, gaat klagen bij de buren als hun barbecue te veel walmt en die een oogje op mijn dochter houdt als ze met haar vriendinnetjes de stad in gaat.

Wat zou het heerlijk zijn als we allemaal een omgevingsmanager zouden hebben, dan zijn er nooit meer conflicten. Sterker nog: wat als we nou eens het werkgebied van de omgevingsmanager Giethoorn zouden uitbreiden? Als we hem verantwoordelijk maken voor heel Giethoorn, hebben we geen burgemeester meer nodig, als we hem op de hele provincie zetten, scheelt dat weer een commissaris van de Koning en als hij heel Nederland gaat doen, hebben we geen kabinet meer nodig. Wat zeg ik: waarom laten we hem niet de hele wereld doen?

Eigenlijk is dat het enige dat deze wereld nodig heeft: één goede omgevingsmanager voor alle snijvlakken en spanningsvelden en één goede cultuurbewaker die de cultuur én de omgevingsmanager in de gaten houdt.

Dan kan de rest op vakantie.

HOE MOET HET DAN WEL?

Als je een omgevingsmanager hebt, kunnen alle taskforces, stuurgroepen, managers, aanjagers, beleidsmedewerkers, zelfsturende teams en werkgroepen ontslagen worden. Lijkt mij.

DIT ZIJN DE ERGSTE 'INSPIRATIONAL QUOTES' OP KANTOOR

Je kunt je vingers in je oren stoppen, wegrennen of wegklikken wat je wilt: aan de inspirerende managementquote is niet te ontkomen op kantoor. Ze staan aan het begin van elk hoofdstuk in inspirerende managementboeken, op Facebook, op scheurkalenders, in inspirerende notitieblokken. Laatst zei zelfs mijn baas '*be the change you want to see*' en 'focus, focus, focus' tegen me. Ik moest toen een beetje overgeven in mijn mond.

Je hebt helemaal niets aan de inspirerende managementquote. Je gaat er niet harder van werken, je werk wordt er niet beter van en je krijgt er niet meer salaris door. En toch vreet de kantoormens ze of het rijstwafels zijn. Ik zie de laatste tijd zelfs citaten van Don Draper, Tony Soprano en Frank Underwood langskomen. Die bestaan niet eens!

Maar het ergst van inspirerende managementquotes is dat ze onzin zijn en nóg erger: je wordt er overspannen van. Hier een overzicht van de ergste:

1. **Work hard, play hard**
   Ik weet niet hoe het bij jullie is, maar bij mij is het meestal óf *work*, óf *play*. Dus als ik hard gefeest heb, heb ik meestal geen puf meer om te werken, en als ik een week kantoorclichés heb aangehoord, plof ik vrijdag als een dode zak uien op de bank. Bij *hard play* moet ik bovendien altijd aan porno denken. Net als bij 'hard op de inhoud, zacht op de relatie'. Maar dat zal wel weer aan mij liggen.
2. **Feedback is een cadeautje**
   Tuurlijk, joh. Er zijn ook mensen die met geurkaarsen aankomen als cadeautje. Of met witte sportsokken. Of met een literair voetbalboek. De Blokker is er groot mee geworden. Of wacht, juist niet. Enfin.
3. **Alleen ga je sneller, samen kom je verder**
   Iedereen die wel eens met vier jengelende kinderen en een tent op vakantie is geweest, weet dat je in je eentje met een rugzak veel verder komt. Vietnam, Australië, ik noem maar wat. Laat staan dat je ergens komt met een groepje collega's. Dan mag je al blij zijn als je de vrijmibo haalt.

4. **Als je alleen maar een hamer hebt, is elk probleem een spijker**
Jongens, hád ik af en toe maar een hamer op mijn werk. Maar die mag ik van de rechter niet meer meenemen naar kantoor.
5. **Zonder dwarsliggers geen spoor**
Zeker. En wat doe je met al die dwarsliggers op het spoor? Juist. Daar rijd je met een dikke trein gewoon keihard overheen.
6. **Anger in, love out**
Ik ken mensen die dit veel te lang gedaan hebben en nu met een dwangbuis aan in een instituut zitten. Je overleeft alleen als je ook af en toe het omgekeerde doet.
7. **Change may be just around the corner**
Ja, of een tramongeluk. Of een pitbull. Of een scrum master die jou feedback wil geven. Of een hondendrol. Alles kan om de hoek liggen wachten. Dat is het mooie. De mogelijkheden zijn eindeloos.
8. **Waar een deur dichtgaat, gaat ergens anders een raam open**
Ja, dat is een beetje het idee van een kantoor, hè. Dat deuren opengaan en ramen dicht en andersom. Hoewel, ramen mogen vaak niet open, hoor, dan werkt het klimaatsysteem niet meer. Wat wél zo is, is dat er soms een beetje te veel deuren openstaan, qua open deuren. Maar meestal betekent een quote als deze dat je moet opletten omdat je baan op de tocht staat.

9. **Succes is een werkwoord**
Nee. Succes is geen werkwoord. Het is een zelfstandig naamwoord. Het is wel zo dat je hard moet werken voor succes. Maar meestal is succes mazzel hebben, de juiste mensen kennen en bovenal timing: succes is timing. Iets wat je zelden zelf in de hand hebt, laat staan dat je succes krijgt van een blaartrekkende managementquote.

10. **Het beste wat je kunt worden, is jezelf**
Iedereen die wel eens in de spiegel kijkt, weet dat dit zeer grote onzin is. Net als 'wees jezelf, er zijn al zoveel anderen'. Wat een getrut. Stijg eens boven jezelf uit, zou ik zeggen.

11. **Van hard werken is nog nooit iemand doodgegaan**
Ik denk dat ze daar bij de bouw van de piramides in Egypte destijds toch echt anders over dachten. Of de Russen in Siberië. Ik noem maar wat, hè. Er gaan ook veel moderne kantoortijgers dood van te hard werken. Zie ook 'De hardwerkende Nederlander'.

12. **Om mensen te houden moet je ván ze houden**
Echt niet. Je hoeft écht niet van mensen te houden om ze te houden. Stel je voor dat dat wél zo was. Dan zouden er weinig collega's overblijven. Om mensen te houden moet je ze fatsoenlijk betalen, ze met respect behandelen en beleefd tegen ze zijn. Dát wel. Maar van ze houden? Hou eens op. Straks moet je ook nog in relatietherapie.

13. **Failure is not an option**
Jongens, falen is altijd een optie. Daarom is het ook zo knap als mensen slagen. Als falen geen optie was, slaagde iedereen.

14. **What doesn't kill you, makes you stronger**
Ik denk dat mensen die net een chemo gehad hebben daar heel anders tegenover staan. Ik las ooit een quote die de lading beter dekt: *What doesn't kill you, still can cause a lot of damage.*

15. **There's no I in team**
Die klopt dan wel weer. De letter 'I' zit inderdaad niet in team. Maar 'we' ook niet. En 'you'. Dus tja. Wie zit er dan wél in dat team?

16. **Als je doet wat je altijd deed, dan krijg je wat je altijd kreeg**
Nou, ik krijg de indruk dat ik steeds méér moet doen om hetzelfde te krijgen. Het moet in elk geval met steeds minder mensen. Er zijn ook collega's die ineens veel méér krijgen dan ze ooit kregen. Een bonus, een promotie. En dat terwijl ze precies deden wat ze altijd deden, minder zelfs!

17. **Op rollende stenen groeit geen mos**
Dit betekent dat je altijd in beweging moet blijven op je werk, anders gaat er mos op je groeien. Of zo. Even afgezien van het feit dat je toch écht wel eens moet blijven zitten om je werk af te krijgen: hoezo rollende stenen? Wil je een rollende steen zijn? Wil je rollende stenen op je werk? Wil je kaal zijn en

hard? Wil je butsen door de gangen? Maar bovenal: hoezo groeit er geen mos op rollende stenen? Ik noem een Mick Jagger of een Keith Richards. Enfin.

18. **Geniet ook van het uitzicht als je nog niet op de top bent**
Tuurlijk, joh. Maar niet te lang uit het raam kijken, anders wordt je baas boos.

19. **Wrijving geeft glans**
Ja, en krassen. En de stank van verbrand rubber. En kale plekken.

20. **Leven is het meervoud van lef**
Nope. Het meervoud van leven is levens en lef heeft geen meervoud, lefgozer. Ga eens aan je werk, man.

21. **Alles wat je aandacht geeft, groeit**
Nou, soms gaat wat je aandacht geeft gewoon dood, dat is het oneerlijke. Of je verstikt het, met te veel aandacht. En kinderen die je te veel aandacht geeft, worden verwende krengen. Daar hebben veel collega's overigens ook last van.

22. **Onder druk wordt alles vloeibaar**
Eh, nee. Diamanten, díé ontstaan onder druk. Verder gaan de meeste dingen onder druk gewoon kapot. Ja, gas, dát wordt onder druk vloeibaar. Maar dan moet je echt met een flinke ketel komen, hoor.

23. **If you can't stand the heat, stay out of the kitchen**
Kijk, dat is dus één van de grootste misverstanden op kantoor: dat je alle ellende die er op je pad

komt maar moet slikken omdat het 'erbij hoort'. En dat als je het niet aankunt, je maar weg moet gaan. Want wat doe je in je éígen keuken als het er te warm wordt? Juist. Dan zet je de deur open. Of je zet de ventilatie aan. Waarom zou je dat op je werk dan niet doen? Al dat gepraat over je groot houden en het maar moeten accepteren: daar komen dus al die burn-outs van. *If you can't stand the heat, turn down the heating*, zou ik zeggen. Dat is veel gezonder.

NAWOORD

Het kan ook zonder kantoorclichés

Zo, hè hè, leef je nog? Heb je weer een hele week 'laaghangend fruit geplukt', 'het beste uit jezelf gehaald', geleerd van je '*learnings*', al je problemen 'omgedacht', je staande gehouden in vergaderingen – letterlijk – en 'zelfgestuurd', 'agile' gewerkt, 'gescrumd' en je flexplek overleefd? Gefeliciteerd.

Maar stel je nou eens voor dat je nooit meer kantoorclichés hoefde aan te horen. Dat je nooit meer hoefde te luisteren naar een 'agile-coach' of een 'scrum master'. Dat het alleen maar om het werk ging en dat je baas alleen maar op aarde was om jou en je collega's zo goed mogelijk te laten presteren. Hoe geweldig zou dát zijn?

Dus nooit meer met een roadmap naar een punt op de horizon, maar gewoon een concreet plan. Nooit meer een customer journey, maar gewoon luisteren naar wat de klant wil. Nooit meer iets centraal hoeven stellen, want dat stond het altijd al. Nooit meer hoeven brainstormen, want dat werkt niet.

Er zijn nu natuurlijk mensen die zeggen: 'Ja hallo zeg, waar bemoeit die mevrouw zich mee? Ik praat nou eenmaal zo en ik doe nu eenmaal zo. Dat is gewoon jargon, en de laatste managementtechnieken zíjn nu eenmaal de beste.' En terecht zeg!

Want waar bemoei ik me mee als het sprinten op rolletjes loopt, alle zelfsturende teams de neuzen dezelfde kant op hebben staan, de customer journey voor iedereen een uitdaging buiten de gebaande paden is en iedereen dolgelukkig in steenkolenengels met elkaar praat? Tegen die mensen zou ik willen zeggen: houden zo. Scrum je lekker de moeder en loop agile zingend door de gangen. *Never change a winning team.*

Voor al die ándere mensen was dit boek bedoeld. Voor de mensen die wel eens twijfelen aan hun baas en aan zichzelf. Voor de mensen die geregeld de slappe lach krijgen van het post-its plakken. Voor de mensen die steeds vragen aan hun collega's wát er nou eigenlijk gezegd wordt en waarom alles anders moet zonder dat bewezen is of het werkt – en dan nooit antwoord krijgen. Voor de mensen die liever aan het werk gaan dan naar een townhall, een visie-event, een heisessie of een 'inspirerende workshop'. Voor al die mensen die zien dat de keizer geen kleren aanheeft.

Ik hoor jullie, ik heb het gezien, ik weet het.

We nemen het mee.

MET DANK AAN:

Silke Groen. Uiteraard. En aan Ineke, Uilke en Gerda Bouma voor hun niet-aflatende enthousiasme. Verder veel dank aan Roel Amesz en Freek Staps voor hun WhatsApps, veel dank aan Simone van Driel voor de eindredactie, de zalm, de gepocheerde eieren en veel meer. En dank aan Richard Engelfriet voor zijn steun in de strijd tegen de managementbullshit. Maar bovenal veel dank aan de geweldige Arend en Saar, die het maken van een boek tot een feest maken. En aan mijn baas, Peter Vandermeersch, die elke week plaatsmaakt voor mijn column in *NRC*.

WAT ZIJN JOUW ERGSTE KANTOORCLICHÉS?